Thomas Schmidt

Die Performance von Stillhaltergeschäften

Covered Call Writing im Backtest

Schmidt, Thomas: Die Performance von Stillhaltergeschäften: Covered Call Writing im Backtest. Hamburg, Bachelor + Master Publishing 2014

Originaltitel der Abschlussarbeit: Die Performance von Stillhaltergeschäften

Buch-ISBN: 978-3-95820-053-1
PDF-eBook-ISBN: 978-3-95820-553-6
Druck/Herstellung: Bachelor + Master Publishing, Hamburg, 2014
Covermotiv: © Kobes · Fotolia.com
Zugl. Otto-von-Guericke-Universität Magdeburg, Magdeburg, Deutschland, Masterarbeit, Juni 2013

Bibliografische Information der Deutschen Nationalbibliothek:
Die Deutsche Nationalbibliothek verzeichnet diese Publikation in der Deutschen Nationalbibliografie; detaillierte bibliografische Daten sind im Internet über http://dnb.d-nb.de abrufbar.

Das Werk einschließlich aller seiner Teile ist urheberrechtlich geschützt. Jede Verwertung außerhalb der Grenzen des Urheberrechtsgesetzes ist ohne Zustimmung des Verlages unzulässig und strafbar. Dies gilt insbesondere für Vervielfältigungen, Übersetzungen, Mikroverfilmungen und die Einspeicherung und Bearbeitung in elektronischen Systemen.

Die Wiedergabe von Gebrauchsnamen, Handelsnamen, Warenbezeichnungen usw. in diesem Werk berechtigt auch ohne besondere Kennzeichnung nicht zu der Annahme, dass solche Namen im Sinne der Warenzeichen- und Markenschutz-Gesetzgebung als frei zu betrachten wären und daher von jedermann benutzt werden dürften.

Die Informationen in diesem Werk wurden mit Sorgfalt erarbeitet. Dennoch können Fehler nicht vollständig ausgeschlossen werden und die Diplomica Verlag GmbH, die Autoren oder Übersetzer übernehmen keine juristische Verantwortung oder irgendeine Haftung für evtl. verbliebene fehlerhafte Angaben und deren Folgen.

Alle Rechte vorbehalten

© Bachelor + Master Publishing, Imprint der Diplomica Verlag GmbH
Hermannstal 119k, 22119 Hamburg
http://www.diplomica-verlag.de, Hamburg 2014
Printed in Germany

Inhaltsverzeichnis

Abbildungsverzeichnis III

Tabellenverzeichnis IV

Abkürzungsverzeichnis V

Symbolverzeichnis VI

1 Mehrwerte 1
    1.1   Problemstellung 1
    1.2   Vorgehensweise und Abgrenzung 3

2 Performance-Analyse 5
    2.1   Grundlagen der Performance-Messung 5
    2.2   Rendite 6
    2.3   Risiko 9
        2.3.1   Ursprung 9
        2.3.2   Volatilität 10
        2.3.3   Downside Risiko 12
    2.4   Klassische Performance-Messung 16

3 Optionen 22
    3.1   Grundpositionen 22
    3.2   Bewertung von Optionen 26
        3.2.1   Einflussfaktoren auf den Optionspreis 26
        3.2.2   Wertuntergrenzen und Put-Call-Parität 27
        3.2.3   Das Black-Scholes-Modell 29
        3.2.4   Die Griechen 32
        3.2.5   Historische und implizite Volatilität 34
    3.3   Optionsstrategien 36
        3.3.1   Gedeckter Short-Call 36
        3.3.2   Gedeckter Short-Put 40

4 Performance-Messung asymmetrischer Renditeverteilung 41
    4.1   Problematik von Asymmetrien 41

4.2	Schiefe und Wölbung	42
4.3	Erweiterter Value-at-Risk	44
4.4	LPM-basierte Performance-Maße	46

5 Empirische Untersuchung Covered Call Writing 47

5.1	Überblick bisheriger Studien	47
5.2	Aufbau und Vorgehensweise	48
5.3	Ergebnisse der Strategien	50
5.3.1	Wertentwicklung	50
5.3.2	Klassische Performance-Analyse	53
5.3.3	Renditeverteilung	55
5.3.4	Asymmetrische Performance-Analyse	57
5.3.5	Jahresvergleich und Interpretation	60

6 Zusammenfassung und Ausblick 62

Anhang 1: Implizite Volatilitäten ODAX Call 65

Anhang 2: Renditeverteilungen Klassenbreite 2% 66

Literaturverzeichnis 67

Abbildungsverzeichnis

Abbildung 1: Semivarianz und shortfallrisk der Standardnormalverteilung 14

Abbildung 2: Risikomaße 21

Abbildung 3: GuV Long-Call Basis = 60; Optionsprämie = 5 € 23

Abbildung 4: GuV Short-Call Basis = 60; Optionsprämie = 5 € 24

Abbildung 5: GuV Long-Put Basis = 60; Optionsprämie = 5 € 24

Abbildung 6: GuV Short-Put Basis = 60; Optionsprämie = 5 € 25

Abbildung 7: Implizite Volatilität in Abhängigkeit des Basispreises 35

Abbildung 8: GuV Short-Call + Aktie; Basis = 60; Optionsprämie = 5 € 37

Abbildung 9: GuV Short-Call + Aktie; Basis = 64; Optionsprämie = 2 € 38

Abbildung 10: Zeitwertverfall unter sonst gleichen Bedingungen auf ein Jahr 39

Abbildung 11: Schiefe im Vergleich zur Standardnormalverteilung 43

Abbildung 12: Wölbung im Vergleich zur Standardnormalverteilung 44

Abbildung 13: Wertentwicklung der Optionsstrategien zum DAX 51

Abbildung 14: DAX Verteilung der Monatsrenditen Klassenbreite 2% 55

Abbildung 15: Variante 1 Verteilung Klassenbreite 2% 56

Abbildung 16: Variante 2 Verteilung Klassenbreite 2% 56

Tabellenverzeichnis

Tabelle 1: Chance/Risiko der Grundpositionen... 25

Tabelle 2: Einflussgrößen auf den Optionspreis 27

Tabelle 3: Übersicht der untersuchten Strategien.. 49

Tabelle 4: klassische Kennzahlen auf Monatsbasis... 53

Tabelle 5: klassische Kennzahlen auf Quartalsbasis 54

Tabelle 6: asymmetrische Kennzahlen auf Monatsbasis... 57

Tabelle 7: asymmetrische Kennzahlen auf Monatsbasis... 59

Tabelle 8: Jahresvergleich 60

Abkürzungsverzeichnis

AFW	=	Ausfallwahrscheinlichkeit
CAPM	=	Capital Asset Pricing Model
CCW	=	Covered Call Writing
CME	=	Chicago Mercantile Exchange
GIS	=	Genossenschaftliches Informationssystem
DAX	=	Deutscher Aktienindex
EUREX	=	European Exchange
GuV	=	Gewinn- und Verlustbewertung
J. B.	=	Jarque-Bera
LPM	=	Lower Partial Moment
n. d.	=	nicht definiert
ODAX	=	DAX-Optionen
REX	=	Deutscher Rentenindex
VaR	=	Value-at-Risk
Vola	=	Volatilität
VDAX	=	DAX-Volatilitätsindex

Symbolverzeichnis

K_t	=	Kapital zum Periodenende
K_{t-1}	=	Kapital zum Periodenanfang
R_i^-	=	negative Renditeabweichungen vom Mittelwert
R_i^{min}	=	Mindestrendite
R_{PF}	=	gemessene Portfoliorendite
R_{BM}	=	gemessene Rendite des Benchmarkportfolios (Marktindex)
R_f	=	risikolose Verzinsung
$E(R_i)$	=	erwartete Rendite
n	=	Anzahl der Renditeausprägungen
m	=	Höhe des Moments
w_t	=	heutiger Wert der Anlage
z_α	=	Stelle im Quantil der Standardnormalverteilung die durch die vorgegebene Wahrscheinlichkeit 1- α bestimmt ist
σ_{PF}	=	empirische Standardabweichung der Portfoliorendite
β_{PF}	=	geschätzter Beta-Faktor der realisierten Portfoliorenditen
β_{PF}	=	Stichproben-Betafaktoren der Renditen des betrachteten Portfolios
ε_{PF}	=	Stochastischer Störterm der Regressionsgleichung
C_T	=	Preis einer Kaufoption zur Fälligkeit
P_T	=	Preis einer Verkaufsoption zur Fälligkeit
S_T	=	Kurs des Basisobjekts zur Fälligkeit
K	=	Basispreis der Option
Ke^{-rT} =		Barwert des Basispreises
S_0	=	aktueller Aktienkurs
S_0	=	Aktienkurs zum Zeitpunkt null
$N(d_i)$ =		Flächeninhalt unter der Verteilungsdichtefunktion der Standardnormalverteilung

1 Mehrwerte

„Vola ist Risiko. Vola ist Chance. [...]Wer jung ist, kann mit seinem freien Vermögen durchaus sein Schicksal herausfordern und die Chance ergreifen, die mit der Vola verbunden ist. Wer älter ist, hat sein Schicksal gefunden. Für diesen Investor ist Vola nur noch Risiko"[1]

1.1 Problemstellung

Die Volatilität ist eine der bekanntesten und gebräuchlichsten Risikomaße zur Beurteilung von Kapitalanlagen. Sie wird innerhalb der Kapitalmarkttheorie, von dessen Inhalten sich viele Anleger heutzutage leiten lassen, als die maßgebliche Risikokennzahl verwendet. Die entscheidenden Eckpfeiler dieser Theorie wurden in den 1950er und 1960er Jahren durch Harry M. Markowitz und William F. Sharpe geschaffen. Sie waren es, die Risiko und Ertrag als untrennbares Paar für die Bewertung von Kapitalanlagen ansahen. Die Performance als eine bewertungsrelevante Kennzahl mit beiden Dimensionen war geboren. Sie wird in der Praxis meist für zwei zentrale Aspekte genutzt. So wird aus der historischen Performance einer Kapitalanlage die Prognose über den zukünftigen Verlauf abgeleitet. Desweiteren wird die Performance-Berechnung in Form einer Rangliste dazu verwendet, um verschiedene Investmentmöglichkeiten miteinander zu vergleichen.[2]

Die theoretische Grundlage für die Beurteilung unterschiedlicher Rendite- und Risikoprofile bildet das Capital Asset Pricing Model (CAPM). Die Hauptkenntnis daraus ist, dass auf effizienten Kapitalmärkten der Preis jeglicher Anlagen durch den erwarteten Ertrag und dem nicht diversifiziertem Risiko ermittelt wird. Diese Annahme gelingt dadurch, dass ein Marktportfolio erstellt wird, welches alle verfügbaren Wertpapiere enthält und somit kein unsystematisches Risiko aufweist. Mit der dann daraus abgeleiteten Wertpapierlinie lässt sich unter Anwendung eines Beta Faktors eine Beziehung zwi-

---

[1] Vgl. Spremann (2008), S. 608.
[2] Vgl. Seitz et al. (2008), S. 1.

schen systematischen Risiko und erzielbarer Rendite angeben. Aus diesem Modelluniversum sind bekannte Performance-Kennzahlen wie z.B. die Sharpe-Ratio oder das Treynor-Maß abgeleitet wurden. Sie werden seit vielen Jahren zur Beurteilung von Kapitalanlagen verwendet. Die Gültigkeit des CAPM impliziert dabei eine ganze Reihe von Restriktionen. Eine entscheidende Vorgabe ist die Normalverteilung von Wertpapierrenditen.[3] Kann die Rendite von Aktien als noch annähernd normal verteilt beschrieben werden, muss dieses z. B. bei Portfolios mit Optionen verneint werden. Hier würde die Anwendung der traditionellen Performance-Maße aus dem Universum des CAPM zu Fehlinterpretationen führen.[4] Die asymmetrische Risiko-Ertrags-Struktur bei Optionen ruft für tragfähigere Schlussfolgerungen die Performance-Kennzahlen auf den Plan, die keine Normalverteilung voraussetzen.[5] Dafür kämen jene in Frage, die z. B. auf partielle Momente oder auf dem Value-at-Risk (VaR) basieren. Für die Optionen hat die Volatilität noch einen anderen entscheidenden Einfluss. Durch die naturgemäß ungewisse zukünftige Entwicklung der Finanzmärkte wird ihr eine große Bedeutung bei der Preisfindung von Optionen beigemessen. Die Übernahme des entstehenden Risikos wird durch einen entsprechenden Zeitwert entlohnt. Teilweise ändern sich die Preise dieser Derivate nur durch Volatilitätsbewegungen. Diese Finanzoptionen und auch andere Termingeschäfte sind in unserer globalisierten Welt nicht mehr wegzudenken. Sie wurden als Problemlösung zur Bewältigung immer komplexer werdender Prozesse der Finanzbranche etabliert. Dabei können sie sowohl zur Spekulation als auch zur Risikoabsicherung genutzt werden.[6] Mitunter dienen Sie auch in Form von Stillhaltergeschäften der Generierung von Zusatzerträgen. Ob nun als Anlagealternative oder als Ergänzung zu den klassischen Investments wie z. B. Aktien oder Renten, sollen auch Derivate mit plausiblen und transparenten Vergleichsmaßstäben beurteilt werden.

---

[3] Vgl. Schröder et al. (2003), S. 35–36.
[4] Vgl. Schulz et al. (2009), S. 97.
[5] Vgl. Uszczapowski (2008), S. 118.
[6] Vgl. Eller (1999), S. 4.

1.2 Vorgehensweise und Abgrenzung

Diese Ausarbeitung zeigt Alternativen auf, die es ermöglichen, asymmetrische Renditeprofile zu beurteilen. Die wesentliche Motivation besteht darin, eine Aktienindexanlage mit Stillhaltergeschäften anzureichern und auf eine mögliche Outperformance hin zu bewerten. Dazu wird mit dem folgenden Kapitel auf die grundlegende Vorgehensweise bei der Performance-Ermittlung eingestiegen. Bei der Thematisierung des Risikos wird bereits über den Volatilitäts-Ansatz hinaus das Downside-Risiko berücksichtigt. Das Kapitel endet mit der Beschreibung der klassischen Performance-Kennzahlen die aus dem CAPM abgeleitet werden. Im dritten Kapitel werden die Finanzoptionen vorgestellt. Über die Funktionsweise der Grundpositionen hinaus wird ein Hauptaugenmerk auf die Bewertung mit Hilfe der Black-Scholes-Formel gelegt. Ein für die folgenden Ausführungen wichtiger Aspekt, ist die Ableitung der impliziten Volatilität. Das Auftreten einer damit im Zusammenhang stehenden Volatilitätsschiefe wird als mögliche Ursache für die Vorteilhaftigkeit von Stillhalterpositionen im Aktiensegment näher betrachtet. Im weiteren Verlauf wird die Strategie des Covered Call Writing (CCW) wiedergegeben. Dazu werden die Vor- und Nachteile bei der Wahl unterschiedlicher Basispreise und Optionslaufzeiten benannt. Am Ende dieses Abschnitts wird dargelegt, wie mit einer gedeckten Short-Put Position das gleiche Auszahlungsprofil eines gedeckten Short-Call erreicht werden kann. Das vierte Kapitel beginnt mit der Vorstellung von Kriterien, die eine nicht normal verteilte Rendite beschreiben. Mit Hilfe der Schiefe und der Wölbung wird gezeigt, wie sich eine asymmetrische Renditeverteilung charakterisieren lässt. Anschließend werden alternative Performance-Maße vorgestellt. Sie können ein Portfolio mit Optionen besser beurteilen, als z. B. die Sharpe-Ratio. Das fünfte Kapitel stellt einen empirischen Backtest der angesprochenen CCW-Strategie auf Indexebene dar. Vorab wird über die Ergebnisse vergleichbarer Studien informiert. In der sich anschließenden Untersuchung wird eine Anlage in den Deutschen Aktienindex (DAX) mit mehreren Varianten einer gedeckten Stillhalterstrategie verglichen. Für die gesamte Erhebung wurde ein Zeitraum von elf Jahren gewählt. Neben den absoluten Ergebnissen werden die aufgeführten Kennzahlen berechnet und interpretiert. Die Gründe für die zu beobachtende Outperformance des CCW werden dazu ansatzweise erläutert. Im letzten Teil der Arbeit soll neben einigen zusammenfassenden Bemerkungen ein Ausblick erfolgen. Dabei ist neben Diskussion über die Tragfähigkeit der erzielten Ergebnisse, die Frage zu klären wie sie möglicherweise auch für Privatanleger verwertbar sind.

In dieser Studie wird auf die in der Praxis geläufigsten Performance-Maße eingegangen, die das zugrundeliegende ökonomische Problem am besten beschreiben können. Darüber hinaus gibt es noch weitere Kennzahlen mit mehr oder weniger zusätzlichem Informationsgewinn. Auch auf solche Maße, die speziellere Formen von Nutzenfunktionen eines Anlegers voraussetzen, soll hier verzichtet werden. Die Liquidität als dritte Dimension der Performance-Analyse wird hier nicht weiter ausgeführt, da mit der Indexbetrachtung ein Anlagevehikel höchster Marktgängigkeit gewählt wurde.[7] Obwohl Optionen für viele verschiedene Basiswerte in Frage kommen, beziehen sich die hier getroffenen Aussagen in erster Linie auf den Aktienmarkt.

---

[7] Vgl. Bruns et al. (1996), S. 33.

2 Performance-Analyse

2.1 Grundlagen der Performance-Messung

Um Kapitalanlegern die Auswahl an verschiedenen Investitionsmöglichkeiten zu erleichtern, wurden bereits frühzeitig Maßstäbe entwickelt, um diese qualitativ zu unterscheiden. Dabei hat sich die „Performance" als Kriterium zur Beurteilung von Finanzanlagen bewährt. Der Begriff kommt aus dem angelsächsischen und heißt übersetzt Leistung oder Erfüllung. Die Performance-Messung findet vergangenheitsbezogen statt, obwohl eine Intension oft darin besteht, mit den Ergebnissen auf zukünftige Tendenzen schließen zu können.[8] Im engeren Sinne versteht man die Performance nur als Rendite einer Anlage. Ist diese das einzige Selektionskriterium, wäre es am besten, das zur Verfügung stehende Gesamtvermögen in den Wert mit der höchsten Rendite zu investieren. Doch bereits Markowitz schlug vor, die Analyse auf das eingegangene Risiko auszudehnen.[9] Mit diesen beiden Kriterien ergibt sich ein wissenschaftlich belastbarer Maßstab für eine Leistungsbeurteilung. Das zu übernehmende Risiko relativiert die erzielte Anlagerendite.[10] So entsteht ein zweidimensionaler Performance-Begriff, der die beiden Parameter in einer Maßzahl vereint.[11] Mathematisch lässt sich diese als Überschuss der erzielten Anlagerendite über eine passende Vergleichsrendite, dividiert durch ein geeignetes Risikomaß beschreiben.[12]

$$\text{Performance} = \frac{Anlagerendite - Benchmarkrendite}{Risikomaß}$$

Als Vergleichsrendite wird eine Benchmark gewählt, die je nach Interpretationsrichtung variieren kann. Hiermit wird der Bezug zu den verschiedenen Kapitalmärkten hergestellt, welche ganz unterschiedliche Rendite- und Risikoprofile aufweisen. Mit der Wahl eines passenden Vergleichsindex lassen sich die Marktgegebenheiten mit den persönli-

---

[8] Vgl. Egner (1998), S. 50.
[9] Vgl. Markowitz (1991), S. 206.
[10] Vgl. Tetzlaff (1999), S. 3.
[11] Vgl. Garz et al. (2000), S. 215.
[12] Vgl. Steiner et al. (1998), S. 49.

chen Zielvorstellungen eines Investors vereinbaren. Sharpe definierte hierzu fünf Anforderungen an geeignete Benchmarks:[13]

1. Die Benchmark muss real erwerbbar bzw. darstellbar sein.
2. Der reale Erwerb soll kostengünstig durchführbar sein.
3. Die Benchmark soll sehr gut diversifiziert und somit schwer risikoadjustiert zu schlagen sein.
4. Vor dem Treffen der Anlageentscheidung soll die Benchmark bereits bekannt sein.
5. Die Benchmark soll den gleichen Restriktionen unterliegen wie das Portfolio.

Als zusätzliche Anforderung kann die Akzeptanz durch den Anleger genannt werden. Seine individuellen Zielvorstellungen in Form dieser Benchmark sollen dabei als Richtschnur herangezogen werden. Bei der Vergleichsindexauswahl wird oft auf standardisierte Kapitalmarktindizes wie z. B. den DAX oder den Deutschen Rentenindex (REX) zurückgegriffen. Sollte es mit diesen Leitindizes nicht möglich sein, die individuelle Präferenz abzubilden, lassen sich investorenspezifische Benchmarks künstlich erstellen. Hierzu werden im einfachsten Fall die standardisierten Indizes miteinander gemischt.[14]

2.2 Rendite

Eine Rendite beziffert die Wertentwicklung von Vermögensanlagen. Sie ergibt sich als Gewinn, bezogen auf das eingesetzte Kapital und lässt sich nach inhaltlichen und methodischen Merkmalen unterscheiden. Inhaltliche Komponenten sind z. B. Brutto- und Nettorenditen oder Vor- und Nachsteuerrenditen. Dazu müssen die individuellen Lebensumstände des Anlegers, wie z.B. Steuersatz, Kostenquote oder Abschreibungsmöglichkeiten, bekannt sein. Hinsichtlich dieser Vielfältigkeit, wird in den allgemeinen Darstellungen die Bruttorendite bevorzugt. Bei den Überlegungen zur mathematischen Berechnung und zum Vergleich von Renditen geht es um methodische Vorgehensweisen. Die Berücksichtigung von Zinseszinsen auf die Erträge erfordert eine geometrische Be-

---

[13] Vgl. Sharpe (1992), S. 16.
[14] Vgl. Bruns et al. (1996), S. 40–45.

rechnungsweise, da man hier von einer sofortigen Wiederanlage ausgeht. Des Weiteren ist zu klären, ob es sich um stetige oder diskrete Renditen handelt. Stetige Renditen sind logarithmierte diskrete Renditen. Sie haben den Vorteil, dass gleiche absolute Abweichungen auch gleiche prozentuale Folgen aufweisen. Darüber hinaus sind sie eher normalverteilt, da sie nicht wie ihr diskretes Pendant, auf -100% begrenzt sind.[15] Deshalb sollten für Analysen mit statistischen Methoden die mitunter etwas schwerer zu interpretierende stetige Renditeberechnung verwendet werden. Die einfache diskrete Rendite lässt sich mit folgender Formel für den Zeitraum einer Periode berechnen:

$$R_t^d = \frac{K_t - K_{t-1}}{K_{t-1}} \quad oder: R_t^d = \frac{K_t}{K_{t-1}} - 1$$

mit

K_t = Kapital zum Periodenende
K_{t-1} = Kapital zum Periodenanfang

Hierbei wird unterstellt, dass alle Zahlungen am Ende der Periode anfallen und zum Anfangskapital addiert werden. Ein Zinseszinseffekt wird vernachlässigt. Berücksichtigt man diesen mit beliebig kleinen Verzinsungszeiträumen und mit einer beliebig großen Anzahl dieser Zeiträume, ergibt sich die kontinuierliche Verzinsung. Die Berechnungsvorschrift für diese stetige Rendite R_t^s lautet:

$$R_t^s = ln\left(\frac{K_t}{K_{t-1}}\right)$$

Diskrete und stetige Renditen können einfach ineinander umgerechnet werden. Ein zusätzlicher Vorteil der stetigen Renditeberechnung liegt in der unkomplizierten Überführung von Ein- in Mehrperiodenrenditen. Die Berechnung der Jahresrendite aus stetigen Tagesrenditen erfolgt durch Multiplikation mit dem Wert 250. Das entspricht den Börsenhandelstagen eines Kalenderjahres.[16] Für die vorliegende Ausarbeitung ist es notwendig, historische Renditen mehrerer Perioden einer Durchschnittsbetrachtung zu unterwerfen. Somit steht nicht die tatsächlich erwirtschaftete Gesamtrendite an erster Stel-

---

[15] Vgl. Bruns et al. (1996), S. 3–4.
[16] Vgl. Poddig et al. (2000), S. 102–104.

le, sondern die durchschnittliche Rendite pro Periode. Eine dafür in Frage kommende Kennzahl ist die diskrete arithmetische Durchschnittsrendite r_a^d. Sie ist das arithmetische Mittel der diskreten Renditen r_t^d über einen Zeitraum von n Perioden und unterliegt folgender Form:

$$r_a^d = \frac{1}{n}\sum_{t=1}^{n} r_t^d$$

Eine zweite Sichtweise einer Maßzahl für vergangene Ergebnisse ist die diskrete geometrische Durchschnittsrendite r_g^d. Sie ergibt sich über n Perioden aus:

$$r_g^d = \sqrt[n]{\prod_{t=1}^{n}(1+r_t^d)} - 1$$

Wie hier zu erkennen ist, erfolgt die Verknüpfung der einzelnen Beobachtungen nicht additiv wie im Fall der arithmetischen Berechnung, sondern multiplikativ. Die Grundannahme der arithmetischen Berechnungsweise ist, dass jede Periode mit dem gleichen Kapitaleinsatz startet. Sie wird auch als entnommene Verzinsung interpretiert, da der Investor zu hohes oder zu niedriges Kapital ausgleichen muss. Die geometrische Sichtweise geht von einer sofortigen Wiederanlage der Erträge nach Ablauf der einzelnen Periode aus. Diese diskrete geometrische Durchschnittsrendite lässt sich als mittlere Periodenverzinsung erklären. Die genannten Berechnungsvorschriften gelten zum Teil auch für stetige Renditen.[17] Diese Renditeart wird grundsätzlich, wie auch bei anderen Wachstumsprozessen üblich, additiv verknüpft. Die mittlere Rendite mehrerer Perioden ergibt sich somit nach der arithmetischen Berechnung. Diese arithmetische Durchschnittsbildung der stetigen Rendite r_a^s entspricht im Ergebnis genau der geometrischen Durchschnittsbildung anhand diskreter Renditen r_g^d.

---

[17] Vgl. Poddig et al. (2000), S. 113–115.

Sie folgt der Formvorschrift:[18]

$$r_a^s = \frac{1}{n}\sum_{t=1}^{n} r_t^s$$

Zusätzlich zur absoluten Renditehöhe ist es oftmals von Interesse, die Verteilungsform der Renditeausprägungen um ihren Mittelwert zu kennen. Für klassische Berechnungen geht man von einer Standardnormalverteilung in folgender Formvorschrift einer Gauß-Glocke aus:[19]

$$f(x) = \frac{1}{\sqrt{2\pi}} * e^{-\frac{x^2}{2}}$$

Die Dichte diskreter Renditen ist häufig nicht symmetrisch. Im Gegensatz zu ihren stetigen Pendants sind sie oft rechtsschief verteilt. Vor allem bei Modellen zur Portfoliotheorie oder dem Black-Scholes-Modell sind normalverteilte Renditen Voraussetzung. Damit würde in diesem Rahmen die diskrete Berechnungsmethode im Vorfeld ausscheiden.[20] Weitere Aspekte nicht normalverteilter Renditen werden in den kommenden Kapiteln aufgegriffen.

2.3 Risiko

2.3.1 Ursprung

Ein wesentliches Anlagekriterium ist das einzugehende Risiko. Es kann im Allgemeinen als Gefahr des Misslingens ausgedrückt werden. Da damit auch eine bestimmte Zielabweichung gemeint ist, hängt der Risikobegriff von einer speziellen Anlagezieldefinition ab. Individuen definieren Risiko sehr unterschiedlich. Für den einen bedeutet hohes Risiko den Totalverlust des eingesetzten Kapitals. Für den anderen bedeutet es lediglich eine größere Abweichung vom erwarteten Ertrag. Am häufigsten wird in der Finanz-

---

[18] Vgl. Spremann (2008), S. 410–415.
[19] Vgl. ebenda, S. 89.
[20] Vgl. Poddig et al. (2000), S. 105.

wirtschaft die Ansicht vertreten, dass Risiko mit einer Renditeschwankung gleichzusetzen ist.[21] Hier wird innerhalb der Kapitalmarkttheorie ein positiver Zusammenhang zwischen Rendite und Risiko vermutet. Investments mit einer hohen zu erwartenden Rendite bergen demnach auch ein relativ hohes Risiko in sich. Unter ökonomischen Gesichtspunkten lässt sich entweder das Risiko bei einem gegebenen Ertrag minimieren, oder der Ertrag bei einem gegebenen Risiko maximieren.[22] In der angesprochenen Kapitalmarkttheorie gliedert sich der Risikobegriff in systematische und unsystematische Risiken. Es gilt folgender Zusammenhang:

Gesamtrisiko = systematisches Risiko + unsystematisches Risiko

Unsystematische Risiken haften einem einzelnen Investitionsobjekt an. Sie stehen in keinem Zusammenhang mit übergeordneten Ereignissen, sondern begründen die Ursache für das Risiko selbst. Im Beispiel von Aktienanlagen können das fehlerhafte Produkte, negative Medienberichte oder das Ausscheiden des Vorstands der jeweiligen Aktiengesellschaft sein. Solche Ereignisse sind normalerweise sehr schwer antizipierbar, weswegen unsystematische Risiken kaum seriös prognostizierbar sind. Letztlich besteht aber die Möglichkeit, diese Unwägbarkeiten durch Diversifikation im Rahmen einer Portfoliobildung zu eliminieren. Systematische Risiken hingegen betreffen den gesamten Markt und lassen sich nicht durch Titelmischungen vermeiden.[23]

2.3.2 Volatilität

In den verschiedenen Anlagekategorien haben sich im Zeitablauf sehr unterschiedliche Risikomaße bewährt. Die Volatilität hingegen ist ein Maß, welches bei jeder Anlageart zur Risikomessung verwendet werden kann. Sie eignet sich vor allem zur Beschreibung des Gesamtrisikos, wenn hierzu sowohl positive als auch negative Abweichungen unterstellt werden können. Darüber hinaus hat die Volatilität bei normalverteilten Renditen die höchste Aussagekraft, auch wenn Sie grundsätzlich für alle Verteilungen berechnet

---

[21] Vgl. Poddig et al. (2000), S. 122.
[22] Vgl. Bruns et al. (1996), S. 6–7.
[23] Vgl. Steiner et al. (1998), S. 54–55.

werden kann. Dieses geschieht mit Hilfe der Varianz (σ^2). Sie ist die Summe der quadrierten Differenzen zwischen den Renditeausprägungen (R_i) und deren Mittelwert (μ), geteilt durch die Anzahl der genutzten Beobachtungen. Mathematisch lässt sich dies so darstellen:

$$\sigma^2 = \frac{1}{n} \sum_{i=1}^{n} (R_i - \mu)^2$$

Wie in Kapitel 2.2. erwähnt eignen sich logarithmierte Vergangenheitsrenditen durch die Normalverteilungsannahme besser für Betrachtungen im Rahmen der Portfolio- und Optionspreistheorie. Die damit modifizierte Varianz berechnet sich nach folgender Form:

$$\sigma^2 = \frac{1}{n} \sum_{i=1}^{n} [ln\,(1 + R_i - \mu_i)]^2$$

Die Volatilität ist der umgangssprachliche Ausdruck für eine annualisierte Standardabweichung. Die Standardabweichung erhält man, indem die Quadratwurzel aus der Varianz gezogen wird.

$$\sigma = \sqrt{\frac{1}{n} \sum_{i=1}^{n} [ln\,(1 + R_i - \mu_i)]^2}$$

Die Annualisierung erfolgt nun durch Multiplikation mit der Quadratwurzel aus der Anzahl der Beobachtungszeiträume. Liegen z. B. Monatsrenditen vor, berechnet sich die Volatilität wie folgt:[24]

$$\sigma_{ann.} = \sigma * \sqrt{12}$$

---

[24] Vgl. Steiner et al. (1998), S. 57–59.

Grundsätzlich kann gesagt werden, dass das Verlustrisiko aber auch die Gewinnchance umso größer wird, je höher die Volatilität ist. Für Prognosen über zukünftige Ergebnisse benötigt man konkrete Erwartungswerte von Renditen. Da dies kaum möglich ist, wird die kommende Volatilität mit Hilfe historischer Renditen geschätzt. Um eine erwartungstreue Schätzung zu gewährleisten, müssten in obiger Rechnung die Zahl der Ausprägungen um eins vermindert werden, was jedoch ab einer hinreichend großen Anzahl an Beobachtungen vernachlässigt werden kann. Eine weitere Möglichkeit zukünftige Volatilitäten zu erhalten, ist das Konzept der impliziten Volatilität. Hierzu wird die Schwankungsbreite anhand der gehandelten Optionspreise, die das zukünftige Verhalten der Basiswerte ausdrücken, extrahiert. Geht man davon aus, dass das verwendete Optionsbewertungsmodell richtig ist, kann damit die Volatilität prognostiziert werden.[25] Das bekannteste Modell ist das Black-Scholes-Modell. Im Verlauf dieser Arbeit wird auf dieses Modell noch spezieller eingegangen.

2.3.3 Downside Risiko

Ein Grundpfeiler der Volatilitätsberechnung aus dem vorangegangenen Kapitel ist die Vermutung von positiven und negativen Abweichungen der Renditen von ihrem Mittelwert. Kapitalanleger betrachten jedoch häufig nur negative Abweichungen als nicht wünschenswert. Deshalb sind die Downside Risikomaße entwickelt wurden. Bekannte Downside Risikomaße sind die Semivarianz, die Ausfallwahrscheinlichkeit und der Value-at-Risk. In die Berechnung der Semivarianz gehen nur negative Abweichungen vom arithmetischen Mittel der Renditen ein. Alle Renditen, die größer als der Durchschnitt sind, fallen weg.[26] Im Rahmen einer Normalverteilung beträgt die Semivarianz genau die Hälfte der Varianz wie in der Abbildung 1 auf Seite 14 dargestellt. Andernfalls stellt sie ein asymmetrisches Risikomaß dar. Sie berechnet sich wie folgt:

$$SV = \frac{1}{n}\sum_{i=1}^{n}(R_i^- - \mu_i)^2$$

---

[25] Vgl. Poddig et al. (2000), S. 590–591.
[26] Vgl. ebenda, S. 130.

mit

R_i^- = negative Renditeabweichungen vom Mittelwert

Die Semivolatilität lässt sich durch Annualisierung der Wurzel der Semivarianz berechnen:[27]

$$SVOL = \sqrt{\frac{1}{n}\sum_{i=1}^{n}(R_i^- - \mu_i)^2} * \sqrt{t}$$

Das zweite hier genannte Downside Risikomaß, die Ausfallwahrscheinlichkeit, wird im Englischen als shortfallrisk bezeichnet. Sie gibt das Risiko an, eine vorher individuell festgelegte Mindestrendite zu unterschreiten. Umso höher die Mindestrendite gewünscht wird, desto wahrscheinlicher wird es, diese zu unterbieten. Bei der Bestimmung der Ausfallwahrscheinlichkeit kommt es zusätzlich darauf an, die zu erwartende Rendite und ihre Volatilität zu schätzen. Dann ergibt sich folgende Berechnungsvorschrift:

$$AFW = N\left(\frac{R_i^{min} - E(R_i)}{\sigma_i}\right)$$

mit

AFW = Ausfallwahrscheinlichkeit

N(.) = Wert aus der Verteilungsfunktion der Standardnormalverteilung

R_i^{min} = Mindestrendite

$E(R_i)$ = erwartete Rendite

σ_i = Volatilität der Rendite

Wird unterstellt, dass aus vergangenheitsbezogenen Werten die Zukunft abgeleitet werden kann, ersetzt man die erwartete Rendite und deren Volatilität mit historischen

---

[27] Vgl. Bruns et al. (1996), S. 20.

Durchschnittsdaten.[28] Ein shortfallrisk gibt im Raum einer Normalverteilung die Fläche an, die links von der Mindestrendite liegt.[29]

In der folgenden Abbildung ist diese Ausfallwahrscheinlichkeit anhand der schwarzen Fläche erkennbar.

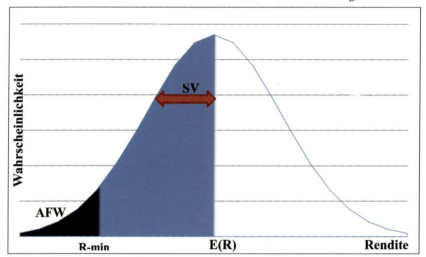

Abb. 1: Semivarianz und shortfallrisk der Standardnormalverteilung

Der Nachteil dieses Risikomaßes liegt vor allem in der Vorrausetzung von normalverteilten Renditen. Eine Heilung dieser Vorgabe gelingt mit den LPM-Maßen. Diese Lower Partial Moments berücksichtigen genau wie die Ausfallwahrscheinlichkeit nur negative Abweichungen von einer Zielrendite, jedoch ohne Verteilungsanforderung. Das empirische LPM-Maß berechnet sich nach:

---

[28] Vgl. Poddig et al. (2000), S. 134.
[29] Vgl. Steiner et al. (1998), S. 62–63.

$$LPM_m = \sum_{i=1}^{n} \frac{1}{n} * \left(R_i{}^{min} - R_i^-\right)^m$$

mit

n = Anzahl der Renditeausprägungen, die kleiner als die Mindestrendite sind
R_i^- = Renditerealisation, die kleiner als die Mindestrendite ist
m = Höhe des Moments

Mit dem Exponenten m wird festgelegt, ob und wie stark die Abweichung von der Mindestrendite durch einen Anleger bewertet wird. Das LPM-Maß mit dem Exponenten null ist die reine Ausfallwahrscheinlichkeit ausgedrückt als 1/ n. Die Stärke der Unterschreitung der Sollrendite wird so nicht berücksichtigt. Nimmt m zum Beispiel den Wert von zwei an, gehen die Abweichungen quadratisch in das Ergebnis ein. Ein Anleger misst damit größeren Abweichungen stärkere Bedeutung zu als kleineren. Sollte als Mindestrendite der Mittelwert der Ausprägungen festgelegt sein, ergibt sich so wiederum die Semivarianz. Je höher die Risikoscheu eines Anlegers beurteilt werden kann, umso höher sollte die Ordnung des LPM-Maßes angegeben werden. Die Lower Partial Moments können sehr gut bei asymmetrischen Verteilungen zum Einsatz kommen. Grundsätzlich besteht bei der Risikomessung durch den shortfallrisk als auch durch die Lower Partial Moments das Problem der realistischen Ermittlung einer investorspezifischen Mindestrendite.[30] Mit der Ausfallwahrscheinlichkeit und Semivarianz komplettiert der Value-at-Risk das Trio der hier betrachteten Downside Risikomaße. Der VaR genießt in der Praxis eine große Bedeutung. Da er in Geldeinheiten angegeben wird und dabei verschiedene Risikoarten kombinieren kann, findet er auch häufig in der Unternehmenssteuerung Anwendung. Er ist definiert als maximal möglicher Verlust eines Vermögensgegenstandes, der in einem deklarierten Zeitraum mit einer festgelegten Wahrscheinlichkeit nicht übertroffen wird. Ziel ist es, mit Hilfe des VaR verschiedene Worst Case Szenarien abschätzen zu können. Unter einer Normalverteilungsannahme[31] kann er mit folgender Form dargestellt werden:[32]

---

[30] Vgl. Bruns et al. (1996), S. 21–22.
[31] Modifikationen des VaR bei nicht normalverteilten Renditen erfolgen in den späteren Kapiteln
[32] Vgl. Poddig et al. (2000), S. 140.

$$VaR = -(z_\alpha * \sigma_i + E(R_i)) * w_t$$

mit

w_t = heutiger Wert der Anlage

z_α = Stelle im Quantil der Standardnormalverteilung, die durch die vorgegebene Wahrscheinlichkeit 1- α bestimmt ist

So gut sich der VaR-Ansatz in der Praxis auch eignet, für die Portfolio-Analyse wird er eher als Nebenkennzahl zu den bereits besprochenen Risikomaßen verwendet. Aufgrund der geringen Anzahl an Extremwerten ist die statistische Aussagekraft mit Vorsicht zu genießen. Auch die jeweils gewählte Wahrscheinlichkeit, mit der die schlechtesten Fälle eintreten können, kann das Ergebnis stark beeinflussen.[33] Das Problem der geringen Datenbasis liegt grundsätzlich allen Downside Risikomaßen zu Grunde. Im Vergleich zum Konzept der Volatilität müssen schlichtweg die doppelten Daten vorliegen, um gleiche Qualität in der Aussagekraft aufzuweisen. Zusätzlich verändern sich die Symmetrieeigenschaften von Renditen im Zeitablauf. Im Ergebnis steigt dann die Fehlerhäufigkeit dieser Risikomaße.[34]

2.4 Klassische Performance-Messung

Nachdem auf die verschiedenen Rendite- und Risikokennziffern eingegangen wurde, werden sie nun durch die Performance-Kennzahlen zusammengeführt. Aufgrund der einfachen Berechnungsweise und verständlichen Aussagekraft, wird dabei häufig auf die Sharpe-Ratio zurückgegriffen.[35] Sie wird gerne auch als Reward-to-Variability-Ratio bezeichnet und lässt damit erkennen, dass hier eine Überschussrendite zu einem übernommenen Risiko ins Verhältnis gesetzt wird.[36] Die Sharpe-Ratio wird nach folgender Form dargestellt:

---

[33] Vgl. Spremann (2008), S. 119.
[34] Vgl. Bruns et al. (1996), S. 25.
[35] Vgl. Ebeling (1999), S. 191.
[36] Vgl. Sharpe (1966), S. 119–138.

$$SM_{PF} = \frac{R_{PF} - R_f}{\sigma_{PF}}$$

mit

R_{PF} = gemessene Portfoliorendite

R_f = risikolose Verzinsung

σ_{PF} = empirische Standardabweichung der Portfoliorendite

Im Ergebnis deutet also eine bessere Performance auf höhere Sharpe-Werte hin. Je höher die erwirtschaftetet Rendite pro übernommener Einheit Gesamtrisiko ist, desto besser wird das Verhältnis von Rendite zu Risiko. Da diese Kennzahl eine relative Größe darstellt, können Portfolios sowohl untereinander als auch mit der gewählten Benchmark verglichen werden. Zur besseren Vergleichbarkeit unterschiedlicher Zeiträume wird diese Kennzahl genauso wie die Standardabweichung annualisiert. Für ein mögliches Ranking werden dann die einzelnen Sharpe-Kennzahlen bestimmt und der Größe nach sortiert. Liegt z. B. der Sharpe-Wert eines Depots über der Benchmark, dann wurde es risikoadjustiert besser gemanagt.[37] Nachteilig bei der Anwendung der Sharpe-Ratio ist der fehlende Einblick in die Struktur des übernommenen Risikos. Durch die Diversifikationsmöglichkeiten wird für unsystematisches Risiko allgemein keine zusätzliche Rendite gezahlt. Daher wäre es für einen rationalen Anleger aufschlussreich, wie sich das Gesamtrisiko zweier zu vergleichender Depots verteilt. Das Sharpe-Maß unterstellt zudem, dass das untersuchte Portfolio die einzige Anlage des Investors ist. Sollte dies nicht der Fall sein, ist im Zweifel nur das systematische Risiko gemessen am Beta-Faktor entscheidend.[38] Diese Überlegung greift das Konzept des Treynor-Maßes auf. Es geht davon aus, dass ein Investor unsystematische Risiken durch Diversifikation mit Hilfe anderer Anlagen im Vorfeld bereits ausgeschlossen hat. Das Treynor-Maß ist auch ein einparametrisches relatives Maß zur Performance-Beurteilung. Es wird oft als Reward-to-Volatility-Ratio bezeichnet und berechnet sich mathematisch nach:

$$TM_{PF} = \frac{R_{PF} - R_f}{\beta_{PF}}$$

mit

---

[37] Vgl. Steiner et al. (1998), S. 535–537.
[38] Vgl. Poddig et al. (2000), S. 268.

β_{PF} = geschätzter Beta-Faktor der realisierten Portfoliorenditen

Das Treynor-Maß lässt sich als Überschussrendite je Einheit übernommenen systematischen Risikos angeben. Ein Ranking erfolgt entsprechend dem Vorgehen im Fall der Sharpe-Ratio. Das Portfolio-Beta der Benchmark weist dabei im Regelfall eins auf, da es häufig als Vertreter für das nicht beobachtbare Marktportfolio eingesetzt wird. Das Beta der zu vergleichenden Portfolios errechnet sich aus den Beta-Faktoren der einzelnen Wertpapieren, die in ihren Anteilen gewichtet werden. Die Nichtberücksichtigung von unsystematischen Risiken im Unterschied zum Sharpe-Maß ist gleichzeitig auch Kritikansatz. In der Praxis gelingt eine vollständige Diversifizierung in der Regel nicht. Deshalb sollte das Treynor-Maß nicht als alleiniges Kriterium dienen, sondern eher als Ergänzung zu einer Performance-Messung mit Hilfe der Sharpe-Ratio angewandt werden.[39] Obwohl der Treynor-Ansatz aus dem Universum des CAPM stammt, muss er sich dessen Kritikpunkte nicht vollständig anrechnen lassen.[40] Beispielsweise gilt der mathematische Zusammenhang zwischen Ertrag und Beta auch unabhängig von einem Marktportfolio. Dieses wird vom Treynor-Maß nicht ausdrücklich vorausgesetzt.[41] Ein weiteres Performance-Maß, welches seinen Ursprung im CAPM findet, ist das Jensen-Alpha. Wie das Alpha in der Namensgebung erkennen lässt handelt es sich um ein absolutes Maß, welches auch Differential Return genannt wird und folgender Form unterliegt:

$$JM_{PF} = (R_{PF} - R_f) - (R_{BM} - R_f) * \beta_{PF} + \varepsilon_{PF}$$

mit

R_{BM} = gemessene Rendite des Benchmarkportfolios (Marktindex)
β_{PF} = Stichproben-Betafaktoren der Renditen des betrachteten Portfolios und
ε_{PF} = Stochastischer Störterm der Regressionsgleichung

Der stochastische Störterm ist eine zufällige Restgröße und taucht innerhalb der Berechnungsvorschrift auf, weil das Jensen-Alpha mittels einer Einfachregression be-

---

[39] Vgl. ebenda, S. 268–269.
[40] Vgl. Steiner et al. (1998), S. 540.
[41] Vgl. Garz et al. (2000), S. 220.

stimmt wird. Er zeigt die vertikalen Abweichungen zwischen der Regressionsgleichung und den einzelnen Punkten der Regression an und wird als Größe für die Rendite gewählt, die nicht mit dem systematischen Risiko verbunden ist.[42] Er korreliert nicht mit der Benchmarkrendite und besitzt einen Renditeerwartungswert von null. Positive Alphawerte zeigen risikoadjustiertes Übertreffen der Benchmark an. Grafisch lässt sich das Jensen-Alpha als Abstand zwischen einer mittels Benchmark gebildeten Wertpapierlinie und den entsprechenden Portfoliolinien darstellen. Die Wertpapierlinie selbst hat ein Alpha von Null und ein Beta von eins. Sie verläuft in einem 45-Grad-Winkel durch den Ursprung. Oberhalb der Wertpapierlinie liegende Portfolios weisen auf eine bessere Performance gegenüber der gewählten Benchmark hin. Jedoch lassen sich keine Rankings unter den verschiedenen Portfolios aufstellen. Diese können jeweils ganz verschiedene systematische Risiken aufweisen. Bei der praktischen Anwendung muss stets ein t-Test durchgeführt werden, um die errechneten Alpha-Werte auf ihre Verschiedenheit von Null zu testen. Belastbare Aussagen des Jensen-Maßes lassen sich nur mit hinreichend vielen Beobachtungen treffen. Damit sinkt dann die Wahrscheinlichkeit, dass die Überperformance auf Ausreißer zurück zu führen ist. Die Konzeption des Jensen-Alphas beruht auf einem konstanten Portfoliobeta. Sollten während des Betrachtungszeitraumes Umschichtungen mit zeitlichem Hintergrund stattgefunden haben, werden die Ergebnisse des Jensen-Maßes fehlerhaft. Schließlich entwickelte J. Treynor und F. Black die Treynor/Black-Appraisal-Ratio. Diese wird in der Literatur auch Information-Ratio genannt. Sie setzen das Jensen-Alpha ins Verhältnis zur Volatilität des eben beschriebenen Störterms aus der Regressionsgleichung:

$$TBM_{PF} = \frac{JM_{PF}}{\sigma(\varepsilon_{PF})}$$

Dieses Maß entspricht einer Überrendite gegenüber der Wertpapierlinie und lässt eine Erklärung zu, wie der Alpha-Wert überhaupt zustande gekommen ist. Desweiteren lässt sich ablesen, wie die Fähigkeit eines Portfoliomanagers einzuschätzen ist, die Benchmarkrendite zu übertreffen. Da hier das Jensen Maß durch das unsystematische Risiko

---

[42] Vgl. Steiner et al. (1998), S. 541.

ins Verhältnis gesetzt wird, zeigt sich daraufhin auch ob zusätzliche, vom Markt abweichende Risiken eingegangen wurden.[43] Bei einem gleich hohen Alpha führt ein hohes unsystematisches Risiko zu einem geringen Treynor-Black-Maß. Anhand dieser Kennzahl lassen sich dann Portfolios in ein Ranking überführen.[44]

Die Qualität der beschriebenen zweidimensionalen Performance-Maße hängt vordergründig von der richtigen Wahl der Benchmark ab. Deswegen hat eine große Diversifizierung innerhalb der Benchmark für viele Marktteilnehmer oberste Priorität. Der dadurch höhere praktische Gestaltungsaufwand darf nicht außer Acht gelassen werden. Auch die Annahme einer risikolosen Verzinsung ist gerade in der aktuellen Phase der Schuldenkrise kritisch zu hinterfragen. Abschießend sei das Problem der Volatilitätshäufung bei der zweidimensionalen Performance-Messung erwähnt. Risiken werden innerhalb dieser Modellwelt als konstant wirkend angesehen. In der Realität wechseln sich Phasen hoher Volatilität mit Phasen geringer Volatilität ab. Hier entstehen neue Portfolio-Risiken, da ein Anlageerfolg in gewisser Weise auf ein gutes Timing zurück zu führen ist.[45] Nachfolgendes Schaubild stellt die klassischen Performance-Maße mit den beiden Kenngrößen Standardabweichung und Beta-Faktor zur Risikobestimmung gegenüber.

---

[43] Vgl. Bruns et al. (1996), S. 378–380.
[44] Vgl. Steiner et al. (1998), S. 543.
[45] Vgl. Garz et al. (2000), S. 223–226.

Abb. 2: Risikomaße

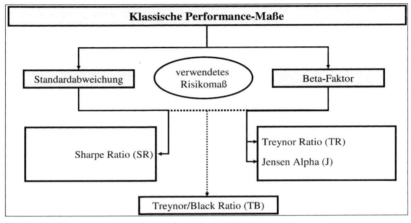

Quelle: Vgl. Schulz et al. (2009), S. 99.

Die Anwendung der Kennzahlen, auf Grundlage des Betas, ist für den Vergleich eines Index mit einer Optionsstrategie auf den Index eher informativ. Abweichungen der Stillhalterstrategien vom Beta des Index sind dem Basispreis geschuldet und nicht einer Titelselektion wie z. B. im Fall eines aktiv gemanagten Investmentfonds. Abschließend sei ein Maß genannt, dass Alpha und Beta in ein Verhältnis bringt. Dieses modifizierte Jensen Maß spiegelt die risikoadjustierte Prämie des Marktes je übernommene Einheit systematischen Risikos wieder und berechnet sich nach:[46]

$$MJM_{PF} = \frac{JM_{PF}}{\beta_{PF}}$$

Im Ergebnis kommt die gleiche Rangfolge wie mit dem Einsatz des Treynor Maßes zu Stande.

---

[46] Vgl. Wilkens et al. (1999), S. 311.

3 Optionen

3.1 Grundpositionen

Optionen sind Termingeschäfte. Als Derivate beziehen sie sich auf andere Grundgeschäfte und existieren schon sehr lange. Die alten Griechen nutzten Termingeschäfte vor allem in der Landwirtschaft, um z. B. Ernten abzusichern. Mit der Gründung der Warenterminbörse in Chicago 1848 handelte man diese Derivate erstmals unter standardisierten Bedingungen.[47] Termingeschäfte in der Landwirtschaft sind in der Regel Forwards. Hier treffen zwei Parteien individuelle Vereinbarungen z. B. über die Lieferung von einer bestimmten Menge Mais zu einem jetzt schon festgelegten Preis in der Zukunft. Wenn dies mit eindeutig definierten Standards über eine Börse geschieht, wird aus dem Forward ein Future. In beiden Variationen ist eine Erfüllung fest vorgeschrieben. Die bekanntesten Financial Futures in Deutschland sind der DAX-Future und der Euro-BUND-Future.

Bei einem Forward oder Future als unbedingtes Termingeschäft gilt eine beiderseitige Erfüllungspflicht für Käufer und Verkäufer. Das Optionsrecht hingegen bietet die Möglichkeit zur Erfüllung. Das heißt, der Käufer einer Option darf entscheiden, ob der Mais geliefert werden soll oder nicht. Der Verkäufer der Option muss solange stillhalten bis der Gegenpart sich entschieden hat. Deswegen nennt man den Verkäufer von diesen bedingten Termingeschäften auch Stillhalter. Der Käufer einer Option erwirbt kein Wertpapier, sondern ein Recht, eine bestimmte Menge des Basiswerts zu einem im Voraus festgelegten Preis innerhalb einer bestimmten Frist zu kaufen (Call-Option) oder zu verkaufen (Put-Option). Der Optionskäufer zahlt eine entsprechende Optionsprämie an den Stillhalter. Sein Verlust ist damit auf diese Summe begrenzt. Der Verkäufer eines Call könnte in die Situation gelangen, den Basiswert (Underlying) unter einem aktuellen Marktpreis liefern zu müssen. Sein Verlustrisiko steigt, je höher der zugrundeliegende Wert ansteigt. Im Fall der Put-Option besteht sein Risiko, den Basiswert über dem aktuellen Marktpreis abnehmen zu müssen.[48] An Terminbörsen wie z. b. European Exchan-

---

[47] Vgl. Signer (2007), S. 22–23.
[48] Vgl. Hull (2009), S. 26–29.

ge (EUREX) oder Chicago Mercantile Exchange (CME) werden Optionen zu Kontrakten gebündelt. Sie erhalten standardisierte Losgrößen, Basispreise und Fälligkeiten. Das Optionsrecht kann bei einer amerikanischen Option jederzeit und bei einer europäischen Option nur am Laufzeitende ausgeübt werden. Eingegangene Optionspositionen betreffen immer zwei Kontrahenten. Zu einem Käufer (Long) gibt es immer einen Verkäufer (Short) einer Option. Kombiniert mit den beiden Möglichkeiten Call- und Put-Optionen zu handeln, ergeben sich damit die vier klassischen Grundpositionen. Folgende Abbildungen zeigen die Auszahlungsprofile der jeweiligen Position. Zur Veranschaulichung sind die Optionen auf eine fiktive Aktie mit einem Basispreis (Strike) von 60 und einem Optionspreis von fünf gewählt worden. Die Gewinn- und Verlustbewertung (GuV) findet bei Optionsfälligkeit statt. Der Käufer einer Kaufoption übt sein Optionsrecht nur dann aus, wenn der Aktienkurs über dem Basispreis von 60 liegt. Andernfalls kann er sich die Aktie günstiger über den Markt beschaffen. Sein Break-Even-Punkt liegt bei einem Kurs von 65. Dazu wurde der Strike mit der gezahlter Optionsprämie addiert. Der Gewinn steigt proportional mit dem Kurs der Aktie.

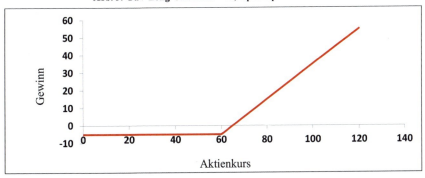

Abb. 3: GuV Long-Call Basis = 60; Optionsprämie = 5 €

Umgekehrt stellt sich die Situation für den Verkäufer der Kaufoption dar. Sein Verlust erhöht sich, umso stärker die Aktie ansteigt. Er ist ein Stillhalter in Aktien, denn seine Verpflichtung ist in der Lieferung der Wertpapiere zum Basispreis begründet. Sollte der Kurs unter diesem notieren, kann er davon ausgehen, dass der Optionskäufer sein Recht verfallen lassen wird. So vereinnahmt er die Optionsprämie, welche auch als Entschädigung für das sogenannte Stillhalten verstanden werden kann. Der Break-Even-Punkt liegt für den Stillhalter des Call ebenfalls in der Summe aus dem Basispreis und der erhaltenen Optionsprämie. Diese wird von vielen Marktteilnehmern auch als eine Art „Puffer" angesehen.

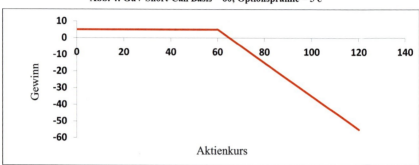

Abb. 4: GuV Short-Call Basis = 60; Optionsprämie = 5 €

Der Käufer einer Verkaufsoption hofft auf sinkende Kurse. Er kann mit der Ausübung des Rechtes die Aktie zum einem höheren Wert[49] verkaufen. Der Stillhalter des Put muss die Aktie zum Basispreis abnehmen und natürlich bezahlen. Der Break-Even-Punkt liegt beim gewählten Strike minus der Optionsprämie. Die Long-Put Position wird häufig zu Depotabsicherungszwecken eingesetzt. Der hier gezahlte Optionspreis wird dabei als Versicherungsprämie gesehen.

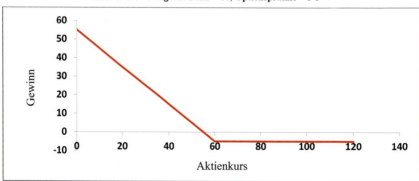

Abb. 5: GuV Long-Put Basis = 60; Optionsprämie = 5 €

---

[49] zum gewählten Basispreis

Der Verkäufer einer Verkaufsoption ist ein Stillhalter in Geld, da er bei Ausübung des Optionsrechtes der Long-Position die Aktie abnehmen und mit Geld bezahlen muss. Sollte der vereinbarte Basispreis über dem aktuellen Kurs liegen, erzielt er einen Verlust. Solange die Aktie über dem Strike steht, kann er davon ausgehen, dass der Käufer die Put-Option verfallen lässt. Der Break-Even-Punkt liegt ebenfalls bei dem Basispreis minus der erhaltenen Prämie.

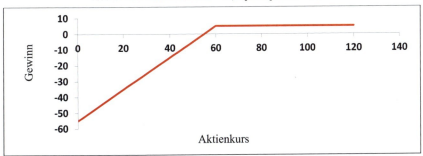

Abb. 6: GuV Short-Put Basis = 60; Optionsprämie = 5 €

Diese beschriebenen Situationen finden sich generell bei europäischen Optionen wieder. Im Fall der amerikanischen Optionsart ist es möglich sein Optionsrecht vorzeitig wahrzunehmen. So würden sich die Gewinn und Verlust Profile schon während der Laufzeit ergeben. Nachfolgende Tabelle zeigt für die klassischen Optionskombinationen die spiegelbildlich wirkenden Gewinn- oder Verlustpositionen der Kontrahenten auf.

Tabelle 1: Chance/Risiko der Grundpositionen

	Call		Put	
	Long	Short	Long	Short
Risiko	Prämieneinsatz	unbegrenzt	Prämieneinsatz	Sehr hoch (aber nicht unbegrenzt)
Chance	Unbegrenzt	Prämieneinsatz	Sehr hoch (aber nicht unbegrenzt)	Prämieneinsatz

Dazu sei angemerkt, dass Aktienkurse maximal auf null sinken können, was die Gewinn- und Verlustmöglichkeiten der Put-Option nicht unbegrenzt werden lassen.[50]

3.2 Bewertung von Optionen

3.2.1 Einflussfaktoren auf den Optionspreis

Im Beispiel aus Kapitel 3.1 wurde ein Optionspreis von fünf angenommen. Nun soll geschildert werden, wie er sich zusammensetzt und was ihn beeinflusst. In erster Linie ist die Beziehung zwischen dem gewählten Strike und dem aktuellen Wertpapierpreis von Bedeutung. Liegt im Fall der Call-Option der Kurs des Basiswertes über dem Basispreis, so bedeutet z. B. eine Kurssteigerung um zwei auch eine Steigerung des Optionspreises um zwei. Entgegengesetzt verhält es sich mit der Put-Option, wenn der Kurs unter der Basis liegt. Dieser Zusammenhang geht als innerer Wert in den Optionspreis ein. Zu dieser Komponente gesellt sich der Zeitwert einer Option. Dieser wird maßgeblich durch die Laufzeit der Option bestimmt. Fließen während der Optionslaufzeit keine Dividenden, kann gesagt werden, dass eine längere Laufzeit ceteris paribus zu höheren Optionsprämien führt. Ein längerer Zeitraum lässt die Wahrscheinlichkeit steigen, dass sich der Basiswert in eine entsprechende Richtung bewegt. Die Unsicherheit über diese Bewegung kann mit der Volatilität beschrieben werden. Somit weisen Optionen einer Aktie mit vergleichsweise hoher Volatilität entsprechend höhere Prämien auf als das Pendant einer nicht so schwankungsanfälligen Notierung. Steigende Volatilitäten lassen auf zukünftig größere Kursveränderungen schließen. Dabei macht sich vor allem das asymmetrische Renditeprofil von Optionen bemerkbar. Während sich für den Aktienbesitzer die Schwankungen nach oben und unten tendenziell ausgleichen, profitiert der Inhaber einer Call-Option von stärker steigenden Kursen. Er verliert bei Kursrückgängen aber nach wie vor nur die Prämie. Für die Put-Option gilt dies entsprechend bei fallenden Notierungen. Wie eben schon angeklungen, beeinflussen Dividendenzahlungen während der Optionslaufzeit die Optionspreise, da durch sie der Aktienkurs am Ausschüttungstag reduziert wird. Letztendlich hat auch der risikolose Zinssatz einen Einfluss auf die Optionsprämien. Zu kombinierende Effekte lassen auf eine nicht immer

---

[50] Vgl. Hull (2009), S. 232–236.

ganz eindeutige Nettowirkung schließen. Da Optionen im schlimmsten Fall ungenutzt verfallen, kann ihr Wert nie negativ sein. Nachfolgende Tabelle stellt die ansteigenden Einflussgrößen mit ihren daraus resultierenden positiven oder negativen Einfluss auf die Optionen amerikanischen Typs gegenüber.[51]

Tabelle 2: Einflussgrößen auf den Optionspreis

Steigende Variable	Call	Put
aktuelle Aktienkurs	+	-
Basispreis	-	+
Restlaufzeit	+	+
Volatilität	+	+
Dividenden	-	-
Risikoloser Zins	+	-

3.2.2 Wertuntergrenzen und Put-Call-Parität

Nachdem die grobe Richtungswirkung von Einflussfaktoren auf den Optionspreis beschrieben wurde, soll nun mit Hilfe von Optionsbewertungsmodellen ein objektiv ermittelbarer und für alle Investoren nachvollziehbarer Wert einer Option gefunden werden. Bewertungsmodelle für Termingeschäfte sind vor allem im Portfolio-Management von großer praktischer Bedeutung. Für die weitere Betrachtung wird von einem vollkommenen und vollständigen Kapitalmarkt ausgegangen, der keine Arbitragemöglichkeiten zulässt. Dies ist die Grundvoraussetzung, um asymmetrische Positionen synthetisch nachzubilden.[52] In diesem Markt lassen sich nun die beiden Optionsarten mathematisch wie folgt darstellen:[53]

$$C_T = \max(0, S_t - K)$$
$$P_T = \max(0, K - S_t)$$

---

[51] Vgl. Hull (2009), S. 256–259.
[52] Vgl. Garz et al. (2000), S. 253.
[53] Vgl. Rudolph et al. (2005), S. 214.

mit

C_T = Preis einer Kaufoption zur Fälligkeit
P_T = Preis einer Verkaufsoption zur Fälligkeit
S_T = Kurs des Basisobjekts zur Fälligkeit
K = Basispreis der Option

Für den maximalem Wert einer Kaufoption gilt, dass er nicht größer sein kann, als der jeweilige Aktienkurs. Der maximale Wert einer Put-Option kann nicht größer sein als der Basispreis der Option, unabhängig davon wie tief die beispielhafte Aktie fällt. Dies gilt gleichermaßen für europäische und amerikanische Optionstypen. Die Wertuntergrenze einer europäischen Kaufoption auf eine dividendenlose Aktie hat folgende Formvorschrift:

$$c = S_0 - Ke^{-rT}$$

mit

S_0 = aktueller Aktienkurs
Ke^{-rT} = Barwert des Basispreises

Die Wertuntergrenze einer europäischen Verkaufsoption ist:

$$p = Ke^{-rT} - S_0$$

Die Begründung für diese Untergrenzen lässt sich mit der Erstellung vier synthetischer Depots finden. Im Depot A werden ein europäischer Call und ein Geldbetrag in Höhe des Barwertes des Basispreises angelegt. Im Depot B wird eine Aktie erworben. Ist der Kurs bei Fälligkeit über dem Strike wird die Option ausgeübt und das Portfolio A hat den Wert S_T. Ist S_T bei Fälligkeit hingegen unter dem Basispreis, verfällt die Option und das Portfolio hat den Wert K. Das Portfolio B hat unbestritten zum Fälligkeitstermin immer den Wert S_T. Demnach ist A bei Fälligkeit der Option immer mindestens so viel wert wie B. Durch den Ausschluss von Arbitragemöglichkeiten gilt dieser Sachverhalt jederzeit. Für die Untergrenze der Put-Option wird mit Portfolio C in eine europäische Verkaufsoption und eine Aktie investiert. Portfolio D wird mit einem Geldbetrag in Höhe des barwertigen Basispreises bestückt. Ist der Aktienkurs bei Fälligkeit unter der Basis, wird ausgeübt und C hat den Wert K. Umgekehrt verfällt die Option und das Portfolio hat den Wert S_T. Durch die Anlage zum risikolosen Zinssatz weist das Depot D zur Optionsfälligkeit den Wert K auf. Nun folgt daraus, dass C mindestens den Wert von D haben muss. Da es sich um europäische Optionen handelt, die nicht vorzeitig ausgeübt werden können, haben Portfolio A und Portfolio C am Verfallstag beide den Wert: max (S_T, K). Sie sind also auch zu Beginn identisch und es kann formal geschrieben werden:

$$c + Ke^{-rT} = p + S_0$$

Diese Beziehung nennt man Put-Call-Parität. Damit kann der Wert einer europäischen Kaufoption aus dem Wert einer europäischen Verkaufsoption mit gleichem Strike und selbiger Laufzeit abgeleitet werden. Gleiches gilt natürlich auch im umgekehrten Fall.[54]

3.2.3 Das Black-Scholes-Modell

Innerhalb der Optionsbewertung ist der Zeitwert diejenige Komponente, die sehr schwer zu bestimmen ist. Vor allem der Versuch, ihn während der Optionslaufzeit fortlaufend zu ermitteln, führte in der Vergangenheit regelmäßig zu enttäuschenden Resultaten. Der Durchbruch gelang Anfang der 70er Jahre des letzten Jahrhunderts mit dem Black-Scholes-Modell.[55] Die Idee basiert auf der Konstruktion eines risikolosen Arbitrage-Portfolios. Innerhalb dieser Modellwelt werden die Renditen als normalverteilt und deren Volatilität als konstant angesehen. Unter diesen Voraussetzungen lässt sich eine perfekte Hedge-Position zwischen Aktie und Option aufbauen. Die Kursverluste der gehaltenen Aktien werden in gleicher Höhe durch Gewinne aus dem Verkauf von Call-Optionen (Short-Call-Position) aufgefangen und umgekehrt. Durch zwischenzeitliche Aktienkursbewegungen und den Zeitablauf der Optionen muss die Anzahl der Optionen ständig angepasst werden, um diese Verhältnismäßigkeit fortwährend sicher zu stellen.

---

[54] Vgl. Hull (2009), S. 260–265.
[55] Vgl. Black et al. (1973), S. 637–654.

Zusätzlich wird angenommen, dass die Short-Call Position und die Aktie den gleichen Ertrag generieren wie eine reine Geldmarktanlage. Dies wird durch die Bedingung, eine risikolose Anlage zu gestalten, gewährleistet. Mit diesem Grundgerüst ist eine Bewertung von Optionen möglich, die frei von etwaigen Kurserwartungen oder Risikokomponenten ist. Die Definition für die Bewertung einer europäischen Kaufoption lautet nach Black-Scholes:[56]

$$c = S_0 * N(d_1) - K * e^{-r_f t} * N(d_2)$$

$$d_1 = \frac{\ln \frac{S_0}{K} + (r_f + 0{,}5 * \sigma^2) * t}{\sigma * \sqrt{t}}$$

$$d_2 = d_1 - \sigma * \sqrt{t}$$

mit

c	=	europäischer Call-Preis
S_0	=	Aktienkurs zum Zeitpunkt null
$Ke^{-r_f T}$	=	Barwert des Basispreises
e	=	Eulersche Zahl
$N(d_i)$	=	Flächeninhalt unter der Verteilungsdichtefunktion der Standardnormalverteilung
r_f	=	risikoloser Zinssatz p.a.
t	=	Restlaufzeit der Option in Jahren
σ	=	Erwartete Standardabweichung des Aktienkurses p.a.

Trotz ihrer Komplexität erinnert diese Black-Scholes-Gleichung an die Formel für die Ermittlung des inneren Wertes einer Call-Option am Verfallstag. Dieser ergibt sich als Differenz aus Aktienkurs und Basispreis. Dazu wird die risikolose Verzinsung durch den abgezinsten Basispreis in die Betrachtung integriert. Die Funktion $N(d_1)$ spiegelt die kumulative Verteilungsfunktion einer Standardnormalverteilung für den Aktienkurs wider. Damit werden die Absicherungs-Erfordernisse, ausgelöst durch Kursschwankungen, abgebildet. Die zweite Verteilungsdichtefunktion $N(d_2)$ bildet die Wahrschein-

---

[56] Vgl. Garz et al. (2000), S. 256.

lichkeit ab, dass die Option ausgeübt wird. Als risikoloser Zinssatz wird häufig ein Zerobond-Zins für die Laufzeit t verwendet, wobei die Zeit als Anzahl der verbleibenden Handelstage der Restlaufzeit geteilt durch die Anzahl der Handelstage eines Jahres angegeben wird. Die Ermittlung eines fairen Put-Preises mit Hilfe der Black-Scholes-Formel gestaltet sich aufgrund der Beziehung zwischen Kauf- und Verkaufsoptionen aus Kapitel 3.2.2 einfach. Mit Hilfe dieser Put-Call-Parität kann mit dem Wissen über den Wert der Kaufoption die Gleichung entsprechend umgeformt werden:

$$p = K * e^{-r_f t} N(-d_2) - S_0 * N(-d_1)$$

Die Black-Scholes-Formel lässt sich in dieser Art auch für den Wert amerikanischer Kaufoptionen auf dividendenlose Aktien anwenden. In der zu Grunde liegenden Modellvorstellung ist es nie optimal, vorzeitig vom Kaufrecht Gebrauch zu machen. Da es andererseits für einen amerikanischen Put durchaus sinnvoll sein kann vor dem Verfallstag auszuüben, gibt es bislang keine analytische Formel zur Wertermittlung. Lediglich Näherungslösungen können hier angeboten werden.[57]

Trotz des hohen praktischen Bezugs, geht das vorgestellte Modell von einigen realitätsfremden Annahmen aus. Die Finanzmärkte sind mitunter nicht vollkommen. So existieren unterschiedliche Anlage- und Kreditzinssätze, es gibt keine uneingeschränkten Leerverkaufsmöglichkeiten und vor allem spielen Kosten und Steuern[58] eine nennenswerte Rolle. Leider gilt die Formel uneingeschränkt nur für Optionen europäischen Typs, was die praktische Relevanz schmälert, da die Masse der gehandelten Optionen amerikanischen Typs sind.[59] Nichtsdestotrotz lassen sich mit Hilfe des Black-Scholes-Modells entsprechende Sensitivitäts-Kennzahlen ableiten, die für einen Anleger eine große Rolle spielen.[60]

---

[57] Vgl. Hull (2009), S. 364.
[58] z. B. Börsentransaktionssteuern
[59] Vgl. Rudolph et al. (2005), S. 301.
[60] Vgl. Garz et al. (2000), S. 259.

3.2.4 Die Griechen

Mit den in den vorherigen Kapiteln genannten Einflussfaktoren auf den Optionspreis wurde bisher nur die grobe Richtung der Wertveränderung beschrieben. Mit Hilfe der sogenannten Griechen ergibt sich eine Möglichkeit diese Veränderung zu konkretisieren. Die folgenden Kennzahlen werden unter der Prämisse betrachtet, dass es sich im Underlying um Aktien handelt. Des Weiteren bleiben nicht genannte Einflussfaktoren konstant.

Das Options-Delta gibt an, um wie viel Einheiten sich der Optionspreis ändert, wenn der Kurs des Basiswertes um eine Einheit steigt oder fällt. Ein Anleger ist damit in der Lage einzuschätzen, wie groß die Auswirkung einer Kursveränderung der Aktie auf seine Optionsposition ist. Mathematisch berechnet sich das Delta als erste partielle Ableitung der Black-Scholes-Gleichung nach dem Kurs des Underlyings:

$$\frac{\partial c}{\partial S_0} = N(d_1) > 0; \frac{\partial p}{\partial S_0} = N(d_1) - 1 < 0$$

Das Delta der Call-Option liegt zwischen null und eins. Das Delta der Verkaufsoption nimmt hingegen Werte von minus eins bis null an. Das Delta hat eine sehr hohe Elastizität, wenn der Kurs in der Nähe des Basispreises notiert. Optionen die stark im Geld sind, bilden die Aktienbewegung fast eins zu eins ab. Hingegen ist das Delta einer weit aus dem Geld liegenden Optionsposition fast bei null. Das Delta ist nicht immer gleich groß, sondern verändert sich bei jeder Kursbewegung der Aktie. Das Gamma misst genau diese Veränderung und gibt damit Auskunft über die Bewegung des Deltas. Formal wird es als zweite partielle Ableitung der bekannten Black-Scholes-Formel nach dem Aktienkurs angegeben:

$$\frac{\partial^2 c}{\partial S_0^2} = \frac{\partial^2 p}{\partial S_0^2} = \frac{1}{(S_0 * \sigma * \sqrt{t})} * N'(d_1) > 0$$

Das Gamma ist für die Call- und Put-Optionen gleich und liegt zwischen Null und eins. Da sich das Delta sehr stark bei in der Nähe des Strikes liegenden Kursen verändert, hat hier das Gamma auch die höchsten Werte. Je weiter die Aktie im oder aus dem Geld ist, desto kleiner wird das Gamma. Für einen Investor kann es wichtig sein zu wissen, um wie viel sich der Optionswert verändert, wenn sich die Restlaufzeit verkürzt oder verlängert. Dies misst das Theta und wird formal als erste partielle Ableitung der Black-Scholes-Formel nach der Restlaufzeit angegeben:

$$\frac{\partial c}{\partial t} = \frac{S_0 * \sigma * N'(d_1)}{2 * \sqrt{t}} + r_f * Ke^{-r_f T} * N(d_2) > 0$$

$$\frac{\partial p}{\partial t} = \frac{S_0 * \sigma * N'(d_1)}{2 * \sqrt{t}} + r_f * Ke^{-r_f T} * N(-d_2) > (<) 0$$

Das Theta einer Call-Option ergibt mathematisch positive Werte. Für eine Verkaufsoption gilt dies in den meisten Fällen genauso. Da sich die Laufzeit von Optionen naturgemäß nur verkürzen kann, wird in der Praxis das Theta aber häufig mit einem negativen Vorzeichen versehen. Ein Theta mit einem Wert von z. B. minus 0,05 indiziert einen Wertverlust um 0,05 Einheiten, wenn sich die Restlaufzeit um einen Tag verkürzt. Das Theta nimmt bei abnehmenden Restlaufzeiten leicht steigende Werte an. Im Vergleich weisen die at-the-money Optionen höhere Thetas auf als im oder aus dem Geld liegende Positionen. Den Schlusspunkt unter den hier vorgestellten Optionskennzahlen setzt das Vega[61]. Es gibt an, um wie viel Einheiten sich der Optionspreis ändert, wenn sich die Volatilität des Aktienkurses um ein Prozent verändert. Mathematisch wird das Vega als erste partielle Ableitung der Black-Scholes-Formel nach der Standardabweichung angegeben:

$$\frac{\partial c}{\partial \sigma} = \frac{\partial p}{\partial \sigma} = S_0 * \sqrt{t} * N'(d_1) > 0$$

---

[61] wird oft auch Lambda oder Kappa genannt, da Vega kein griechischer Buchstabe ist

Das Vega wird mit steigender Volatilität größer. Die stärksten Veränderungsbewegungen vollzieht es bei vergleichsweise niedrigen Schwankungsbreiten. So wirkt sich die Verdopplung einer kleinen Volatilität deutlicher auf das Vega aus, als die einer hohen Schwankungsintensität. Wie im Fall des Thetas, ist das Vega der Optionen am Geld im Vergleich zu den Positionen aus und im Geld am höchsten.[62]

3.2.5 Historische und implizite Volatilität

Prognosen für das zukünftige Risiko eines Wertpapiers lassen sich auf mehreren Wegen erstellen. Am einfachsten kann die Volatilität anhand subjektiver Erfahrungen mehr oder weniger genau geschätzt werden. Je nach persönlicher Sichtweise kommen unterschiedliche Beobachter auch zu unterschiedlichen Ergebnissen. Eine in der Praxis weit verbreitete und für jeden Marktteilnehmer nachvollziehbare Methode ist die Schätzung mit Hilfe der historischen Volatilitäten. Grundlegende Annahme ist, dass von der Vergangenheit auf die Zukunft abgeleitet werden kann. Diese Denkweise kann zu falschen Schlussfolgerungen führen, was sich am Auftreten eines „Volatilität Clustering" zeigen lässt. Beobachtungen haben ergeben, dass die Volatilität im Zeitablauf nicht konstant ist, sondern sich Phasen mit geringen Bewegungen und Phasen mit großen Ausschlägen abwechseln. Eine zusätzliche Erkenntnis ist die Rückkehr zum Mittelwert. Die Schwankungen verharren demnach nicht bei sehr hohen oder sehr tiefen Werten. Ohne einen längerfristigen Trend abzuzeichnen, kehrt die Volatilität immer wieder zu ihrem Durchschnitt zurück.[63] Damit ist auch die zeitliche Projektion mittels der „Wurzel-t"-Regel[64] nur unter einer Standardnormalverteilung empfehlenswert. Eine dritte Methode der Volatilitätsschätzung ist die Berechnung der impliziten Volatilität mit Hilfe der realen Optionspreise an den entsprechenden Terminbörsen.[65] Die Black-Scholes-Formel kann mit Hilfe einer numerischen Iteration nach der Volatilität des Basiswertes aufgelöst werden.[66] Damit lässt sich ermitteln, welche Schwankungsbreite die Marktteilnehmer für das Wertpapier während der Optionslaufzeit erwarten. Durch eine entsprechende

---

[62] Vgl. Daube (1999), S. 168–190.
[63] Vgl. Heß (2007), S. 15.
[64] Vgl. Meucci (2010), S. 60.
[65] Vgl. Steiner et al. (1998), S. 60.
[66] Vgl. ebenda, S. 382.

Wölbung in der Verteilung der Aktienrenditen kann zum Teil ein „Smile-Effekt" erklärt werden. Hier ist zu beobachten, dass die implizite Volatilität eines Wertpapiers, bei unterschiedlichen Basispreisen aber gleicher Laufzeit, unterschiedliche Werte aufweist. Normalerweise sollte es nur eine spezifische Volatilität eines Basiswertes geben. Im Falle der Aktienoptionen fällt die abgeleitete Volatilität mit höheren Basispreisen bis zu einem bestimmten Punkt ab. Bei sehr weit aus dem Geld liegenden Strikes steigt sie dann wieder an.[67] So entsteht das kennzeichnende Lächeln, wie in nachfolgender Abbildung zu sehen ist. Im Fall der Indexoptionen wird aus dem Lächeln eine „Volatilitäts-Schiefe".[68]

Abb. 7: Implizite Volatilität in Abhängigkeit des Basispreises

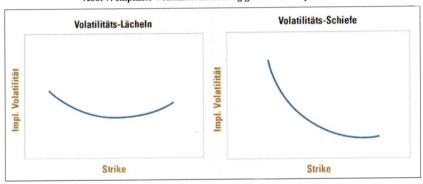

Quelle: Vgl. Heß (2007, S. 15)

Die Unterschiede in den impliziten Volatilitäten sind umso geringer, je länger die Laufzeiten der Optionen sind. Um trotzdem eine repräsentative Schätzung zu gewährleisten, kann ein Durchschnitt über die einzelnen Volatilitätswerte gebildet werden. Innerhalb dieser Mittelwertbildung kann zusätzlich z.B. nach einem hohen Vega oder einem hohen Handelsvolumen gewichtet werden. Seit 1994 wird der DAX-Volatilitätsindex (VDAX) aus den impliziten Volatilitäten der DAX-Optionen (ODAX) mit der Black-Scholes-Formel berechnet.[69] In der Literatur gibt es verschiedene Ansätze die Unter-

---

[67] Vgl. Bruns et al. (1996), S. 27.
[68] eine Gegenüberstellung der impliziten Volatilitäten für DAX Call-Optionen befindet sich im Anhang
[69] Vgl. Rudolph et al. (2005), S. 266–268.

schiede der Volatilitäten zu begründen. Eine mögliche Erklärung liegt in dem Verhältnis von Eigen- und Fremdkapital begründet. Bei steigenden Aktienkursen erhöht sich demnach das Eigenkapital und das Investment wird weniger riskant. Kleinere Basispreise weisen demnach ein schlechteres Verhältnis von Eigenkapital und Fremdkapital auf und beinhalten so eine höhere Volatilität. Interessanterweise liegt dieser „Smile-Effekt" erst seit dem Börsencrash im Oktober 1987 vor. Deshalb könnte seitdem die Angst vor einem ähnlichen Ereignis einen entsprechenden Einfluss in die Optionsbewertung genommen haben.[70]

3.3 Optionsstrategien

3.3.1 Gedeckter Short-Call

Eine Möglichkeit die Aktienperformance zu erhöhen, ist die Covered Call Writing Strategie. Sie besteht aus der Kombination eines Basiswertes, der eine einzelne Aktie oder auch ein Index sein kann, mit einer darauf verkauften Call-Option. In der Praxis sagt man dazu: Der Investor ist in der Aktie „long" und gleichzeitig in der Option „short".[71] Einzeln betrachtet ist das Risiko einer Short Position deutlich höher als das einer Long Position. Wie in Tabelle 1 dargestellt, sind die Verlustmöglichkeiten des Short-Call sogar unbegrenzt. Deshalb kann die Kombination des Derivates mit dem erworbenen Basiswert auch als Grund für die Begrenzung dieses Risikos gesehen werden. Die CCW-Strategie ist vorwiegend in fallenden oder stagnierenden Märkten von Vorteil. Der Mehrwert liegt üblicherweise[72] in der erhaltenen Optionsprämie.[73] In Anlehnung des in Kapitel 3.1 gewählten Beispiels ist in der folgenden Abbildung das Auszahlungsprofil eines gedeckten Short-Call mit einem Basispreis in Höhe des aktuellen Aktienkurses dargestellt.

---

[70] Vgl. Hull (2009), S. 491.
[71] Vgl. Uszczapowski (2008), S. 65–68.
[72] sollte der Basispreis oberhalb des aktuellen Aktienkurses gewählt werden, ist auch ein zusätzlicher Gewinn
 aus der Kursentwicklung bis dorthin möglich
[73] Vgl. Götte (2001), S. 215.

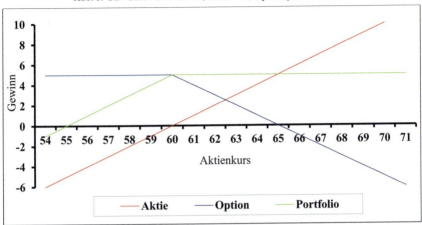

Abb. 8: GuV Short-Call +Aktie; Basis = 60; Optionsprämie = 5 €

Auffällig ist, dass die Gesamtposition (Portfolio) nicht am Anstieg der Aktie teilnimmt. Der Käufer des Call wird diesen immer ausüben, wenn der Aktienkurs über dem Basispreis liegt. Sollte dies dann der Fall sein, kann der Stillhalter seine Verpflichtung zur Lieferung der Aktien stets nachkommen, da er sie im Bestand hat. Da er aber nur den Strike als Gegenwert erhält, wird so eine Kursbewegung nach oben hin gekappt. Als Ausgleich für dieses Risiko erhält er mit dem Optionsverkauf eine Prämie. Sollten die Aktienkurse fallen, ist das Portfolio vor Verlusten nicht geschützt, da die im Bestand befindliche Aktie an Wert verliert und der Käufer der Kaufoption sein Recht verfallen lassen wird. Die vereinnahmte Optionsprämie wirkt für den Stillhalter wie ein kleiner Kurspuffer, weshalb das Portfolio in Abbildung 8 erst ab der Differenz aus Basispreis und Optionspreis in die Verlustzone gerät.[74] Nun könnte man den Strike nicht auf dem aktuellen Kursniveau festsetzen was als „at-the-money" bezeichnet wird, sondern mit einem entsprechenden Abstand darüber. Dies nennt sich „out-of-the-money". Die Formulierung „in-the-money" bezeichnet eine Option mit ihrem Basispreis unter dem momentanen Kursniveau.[75] Nachfolgend soll das Gewinn und Verlust Profil einer „out-of-the-money" Short- Call-Option dargestellt werden:

---

[74] Vgl. Spremann (2008), S. 571–573.
[75] Vgl. Garz et al. (2000), S. 276.

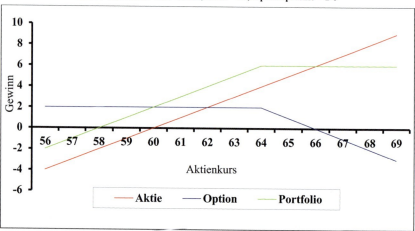

Abb. 9: GuV Short-Call +Aktie; Basis = 64; Optionsprämie = 2 €

Der Investor partizipiert so bis zu einem Aktienkurs von 64 von den Kursteigerungen. Eingerechnet der Optionsprämie liegt er erst ab 66 schlechter als die klassische reine Aktienstrategie. Mit der Erhöhung des Basispreises von 60 im ersten Beispiel auf nun 64 wurde die Prämieneinnahme gezwungenermaßen um drei reduziert.[76] Wie in Kapitel 3.2.1 bereits gezeigt, verringert sich der Optionspreis von Kaufoptionen wenn der Strike erhöht wird. Der Investor muss hier sein individuelles Strategieprofil zum Ausdruck bringen. Wählt er einen vergleichsweise hohen Strike, ist die Optionsprämie gering. Die Chance die Aktie behalten zu können ist relativ hoch. Möchte er eine hohe Prämieneinnahme erzielen, sollte er den Basispreis möglichst nah am aktuellen Aktienkurs festlegen. Die Gefahr ist nun aber unlängst höher, dass der Wert vom Optionsinhaber abgerufen wird. Optionen haben in der Regel immer eine Laufzeit. Eine weitere Stellschraube ergibt sich für den Anleger mit der Wahl der Restlaufzeit des Short-Call. Längere Restlaufzeiten sichern eine höhere Prämieneinnahme. Kürzere Verfallstermine verringern das Risiko, dass die Aktie über den Strike hinaus steigt und an den Optionsinhaber abgegeben werden muss. Eine Verdoppelung der Restlaufzeit bedeutet aber nicht eine Verdoppelung der Optionsprämie. Der Zeitwert einer Option fällt zum Laufzeitende überproportional ab. Als Stillhalter ist man an einem schnellen Zeitwertverfall interes-

---

[76] die Zahlenbeispiele sind fiktiv, sollten aber das Verhältnis von Basispreis zu Optionspreis realistisch widergeben

siert, da so die Chancen steigen, dass die Long Position nicht ausgeübt wird.[77] Nachfolgende Abbildung soll dies veranschaulichen:

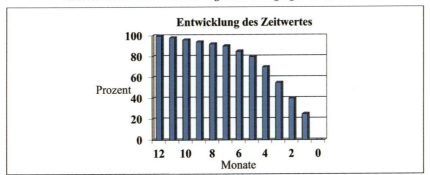

Abb. 10: Zeitwertverfall unter sonst gleichen Bedingungen auf ein Jahr

Da bei Stillhaltergeschäften grundsätzlich die Prämie den Hauptaspekt des Ertrages ausmacht, sollte an den Terminbörsen immer die nächste folgende Fälligkeit ausgewählt werden. Eine entsprechende Anlagestrategie ergibt sich erst, wenn stets nach dem Auslaufen der Option sofort wieder ein neuer Call verkauft (geschrieben) wird. Dieses systematische und konsequente Schreiben von Kaufoptionen auf die vorhandenen Aktienbestände mit der kurzmöglichsten Laufzeit kann dann Bestandteil einer langfristigen Portfoliostrategie sein, die unabhängig von taktischen Entscheidungen umgesetzt wird.[78] Darüber hinaus bietet sie trotzdem eine flexible Anpassung im Zeitablauf. Terminmärkte sind in der Regel sehr liquide.[79] So ist es während der Optionslaufzeit möglich, die eingegangene Position wieder glatt zu stellen. Dies erfolgt durch das Abschließen eines Gegengeschäftes mit derselben Ausgestaltung. Im Falle des hier betrachteten Short-Call müsste das Glattstellen über den Kauf eines Call mit dem gleichen Basispreis und gleicher Laufzeit erfolgen. Da sich die beiden Optionspositionen komplett gegeneinander aufheben, besteht danach weder ein Recht noch eine Verpflichtung. Gründe für das Glattstellen von Optionspositionen vor ihrer Fälligkeit gibt es genug, sei es aus neuer Kursphantasie des zu Grunde liegenden Basiswertes oder einfach nur weil der Anleger den Wert nicht aus dem Depot abgeben möchte. Der Aufwand, der durch die zu

---

[77] Vgl. Steiner et al. (1998), S. 319–321.
[78] Vgl. Spremann (2008), S. 575–576.
[79] Vgl. ebenda, S. 144.

zahlende Optionsprämie beim Schließen der Option entsteht, kann dadurch reduziert werden, dass ein neuer Call mit einer längeren Laufzeit und/oder einem höheren Basispreis verkauft wird. Dieses Vorgehen ist in der Finanzbranche als „Rollen" bekannt.[80]

3.3.2 Gedeckter Short-Put

Die zweite Möglichkeit als Stillhalter Optionsprämien zu vereinnahmen, ist der Verkauf einer Verkaufsoption. Grundsätzlich besteht hier das Risiko darin, dass der zugrunde liegende Wert unter den Strike fällt und der Anleger ihn teurer vom Optionsinhaber abnehmen muss. Im Vergleich zum Short-Call ist das Verlustrisiko hier aber nicht unbegrenzt.[81] Wie im vorangegangenen Kapitel beschrieben, lassen sich Risiken eines Stillhaltergeschäftes durch Kombination mit einem anderen Geschäft „decken". Mit Hilfe der Put-Call-Parität kann gezeigt werden, dass der gedeckte Short-Call genau gleich einem Short-Put mit einer Geldanlage in Höhe des abgezinsten Basispreises ist:[82]

$$Ke^{-rT} - p = S_0 - c$$

Damit ist die gleiche Wirkung wie in der Short-Call Strategie erreichbar. Die Kombination erfolgt nun nicht durch einen Aktienerwerb, sondern durch eine Hinterlegung des monetären Gegenwertes. Deshalb kommt in der Praxis diese Strategie auch als Kaufvorbereitung zum Einsatz. Grundsätzlich sollte dabei der Erwerb des Basiswertes gewünscht sein. Möglicherweise könnte das Kursniveau als zu hoch angesehen werden. Der potentielle Investor möchte erst im Fall einer Kurskorrektur kaufen. Daraufhin verkauft er eine Verkaufsoption unterhalb des aktuellen Kursniveaus und hinterlegt die notwendigen liquiden Mittel, um die Stücke bei Optionsausübung kaufen zu können. Die erhaltene Optionsprämie kann bei Unterschreitung der Basis als Verringerung des Einstandspreises oder andernfalls als Zusatzertrag angesehen werden. Ein Vorteil gegenüber einem klassischen Kauflimit an einer Wertpapierbörse liegt darin begründet, dass bei steigenden Märkten wenigstens eine Rendite in Höhe der Optionsprämie ver-

---

[80] Vgl. Götte (2001), S. 225–232.
[81] Vgl. ebenda, S. 217.
[82] Vgl. Hull (2009), S. 264.

dient werden kann.[83] Grundsätzlich lässt sich für die angesprochenen Stillhalterstrategien in Optionen eine linksschiefe Renditeverteilung konstatieren. Diese Strategien weisen somit ein konkaves Auszahlungsprofil auf.[84] Beide können sich auch zu einer gemeinsamen Anlagestrategie vereinen. Dazu wird über den Short-Put der Markteinstieg gewünscht. Das Schreiben von Verkaufsoptionen findet solange statt, bis der Markt soweit gefallen ist, dass die Put-Option ausgeübt wird.[85] Nachdem der Basiswert im Depot ist, kommt die Short-Call-Strategie zum Einsatz. Ziel dieses Vorgehens ist das Ausnutzen von Stillhalterprämien sowohl mit Put- als auch mit Call-Optionen desselben Basiswertes. Im fünften Kapitel wird eine mögliche Vorteilhaftigkeit dieser Variante für die Vergangenheit empirisch überprüft.

4 Performance-Messung asymmetrischer Renditeverteilung

4.1 Problematik von Asymmetrien

In den vorangegangenen Teilen dieser Arbeit ist bereits angeklungen, dass die Renditen von Portfolios mit Optionen nicht normalverteilt sind. Nachfolgend sollen die Besonderheiten in der Performance-Ermittlung, vor allem im Vergleich zu symmetrischen Renditen aufgezeigt werden. Das entscheidende Konstruktionsmerkmal der Optionen ist der Basispreis. Im Gegensatz zu Aktien oder Futures gibt es das Recht, ökonomisch zu entscheiden, ob das Ausnutzen der Option sinnvoll ist. Deshalb sind die Renditen von Optionen gegenüber Aktien oder Futures schief verteilt. Gekaufte Call-Optionen sind rechtsschief verteilt. Gegenüber klassischen Instrumenten können die Optionsinhaber mehr gewinnen als verlieren. Die Chance auf hohe Erträge ist aber mit einer kleineren Wahrscheinlichkeit verbunden. Der Totalverlust des eingesetzten Kapitals ist dagegen eher wahrscheinlich. Genau Umgekehrt ist die Situation bei den Short-Call Positionen. Sie sind linksschief verteilt und weisen eine hohe Wahrscheinlichkeit auf, dass der kleine Ertrag in Gestalt der Optionsprämie realisiert werden kann. Sollten Optionen in Portfolios zum Einsatz kommen, eignen sich die bekannten Risikomaße wie Varianz oder

---

[83] Vgl. Götte (2001), S. 227–229.
[84] Vgl. Spremann (2008), S. 532.
[85] dabei wird in steigenden Marktphasen auch der Basispreis mit erhöht

Volatilität nicht. Sie sind darauf ausgelegt, Abweichungen vom Mittelwert zu messen und würden bei der Anwendung auf schief verteilte Renditen zu Fehlinterpretationen führen.[86] Im weiteren Verlauf soll die Performance-Betrachtung auf zwei Konzepte der in Kapitel 2.3.2 vorgestellten Down Side-Risikomaße eingeschränkt werden. Das sind der erweiterte Value-at-Risk-Ansatz und die Kennzahlen auf Grundlage der Lower Partial Moments.

4.2 Schiefe und Wölbung

Sollte keine Normalverteilung vorliegen, ist es notwendig, das Verhalten der Renditen unter anderen Gesichtspunkten zu beschreiben. Zusätzlich zu den bereits genannten Kennzahlen gewinnt man neue Informationen aus der Verteilungsschiefe und der Verteilungswölbung. Die Schiefe als drittes zentrales Moment der Wahrscheinlichkeitsverteilung gibt an, wie groß der Grad der Asymmetrie der jeweiligen Verteilung ist. Die empirische Schiefe lässt sich mit folgender Formvorschrift beschreiben:[87]

$$S = \frac{\frac{1}{n}\sum_{i=1}^{n}(R_i - \mu)^3}{\sigma^3}$$

Hierbei wird geprüft inwieweit sich die dritte Potenz der Abweichungen der beobachteten Rendite von ihrem Mittelwert bemerkbar machen. Durch die Verwendung der dritten Potenz werden einerseits negative Abweichungen vom Mittelwert berücksichtigt als auch größere Abweichungen stärker gewichtet als kleine.[88] Nimmt der Ausdruck negative Werte an, liegt eine linksschiefe Verteilung vor. Positive Ausdrücke weisen dann auf eine Rechtsschiefe hin, die von risikoaversen Investoren bevorzugt wird. Folgende Abbildung veranschaulicht die angesprochenen Abweichungen von einer Normalverteilung.

---

[86] Vgl. Garz et al. (2000), S. 245–249.
[87] Vgl. Poddig et al. (2000), S. 141.
[88] Vgl. Spremann (2008), S. 143.

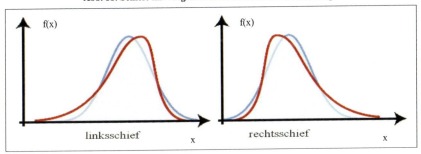

Abb. 11: Schiefe im Vergleich zur Standardnormalverteilung

Quelle: www.quasol.de/assetallocation.html

Häufig versuchen viele Absicherungsstrategien im Investmentbereich bewusst asymmetrische Performance-Profile zu erzeugen. Dazu werden in den Portfolios vor allem Optionen implementiert. Empirische Studien im Aktien- und Währungsmarkt belegen nicht nur eine zwischenzeitlich schiefe Renditeverteilung, sondern auch eine stärkere Konzentration um den Mittelwert. Diesen Umstand kann die Wölbung (Kurtosis) beschreiben. Sie ergibt sich nach:

$$W = \frac{\frac{1}{n}\sum_{i=1}^{n}(R_i - \mu)^4}{\sigma^4}$$

Im Fall der bekannten Normalverteilung liegt die Wölbung bei drei. Größere Werte lassen auf eine höhere Häufigkeit in den Randbereichen und damit auf spitzere Kurven schließen. Im folgenden Schaubild ist zu erkennen, dass eine spitzgipfelige Kurve leptokurtisch und eine flache Wölbung platykurtisch genannt werden.[89] Die dickeren äußeren Bereiche der leptokurtischen Wölbung werden oft als „fat tails" bezeichnet, da mit einer klassischen Normalverteilungsannahme etwaige extreme Kurssprünge nicht vollständig einkalkuliert werden.[90]

---

[89] Vgl. Bruns et al. (1996), S. 25–27.
[90] Vgl. Spremann (2008), S. 142.

Abb. 12: Wölbung im Vergleich zur Standardnormalverteilung

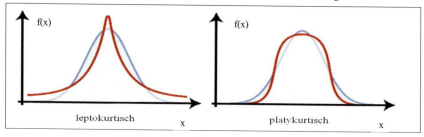

Quelle: www.quasol.de/assetallocation.html

Zusammen mit der Schiefe ist die Wölbung vor allem bei Hypothesentests, wie z. B. dem Jarque-Bera-Test (J. B.) von entscheidender Wichtigkeit.[91] Dabei wird untersucht, ob die vorliegenden Ausprägungen normalverteilt sind. Er ist wie folgt definiert:

$$J.B. = \frac{n}{6} * \left(S^2 + \frac{(W-3)^2}{4}\right)$$

Häufig wird von der Wölbung der Wert drei abgezogen, welche dann als Excess-Kurtosis
unter normalverteilten Beobachtungen den Wert null annimmt. Die sich aus der Teststatistik ergebene Größe unterliegt der Chi-Quadrat-Verteilung mit zwei Freiheitsgraden. Daraus lässt sich mit einer gegebenen Irrtumswahrscheinlichkeit[92] ein Grenzwert ermitteln. Ist der J. B.-Wert größer, liegt keine Normalverteilung vor.[93]

4.3 Erweiterter Value-at-Risk

Der klassische VaR gilt nur unter der Annahme einer Normalverteilung. Dazu kommt der Umstand, dass die Renditeausprägungen unterhalb der definierten Grenze nicht berücksichtigt werden. So ist er nicht in der Lage, die Höhe extremer Verluste konkret zu

---

[91] Vgl. Poddig et al. (2000), S. 144.
[92] bei einer Irrtumswahrscheinlichkeit von z. B. 5% liegt der Grenzwert bei 5,991
[93] Vgl. Poddig et al. (2000), S. 318–323.

beziffern.[94] Um dies trotzdem zu gewährleisten, wurde der Conditional-Value-at-Risk etabliert. Er quantifiziert einen Erwartungswert des Verlustes für den Fall, dass der Value-at-Risk überschritten wird:

$$CVaR_i = E(-r_{it} | r_{it} \leq -VaR_i)$$

mit

$CVaR_i$	=	Conditional-Value-at-Risk
$E(.)$	=	Erwartungswert
r_{it}	=	Renditeausprägung zum Zeitpunkt t

Dieser Conditional-Value-at-Risk berücksichtigt nun nicht nur die Wahrscheinlichkeit eines Überschreitens des Value-at-Risk, sondern auch deren Ausmaß. Daraus ergibt sich in Anlehnung an die Systematik der Sharpe-Ratio das Performance-Maß Conditional-Sharpe-Ratio, das in der Literatur auch bedingtes Sharpe-Maß genannt wird.

$$CSR_i = \frac{R_{PF} - R_f}{CVaR_i}$$

Wie im letzten Kapitel angeführt, können asymmetrische Verteilungen mit der Schiefe und der Wölbung als zusätzliche Dimensionen gekennzeichnet werden. Mit diesen beiden Größen lässt sich der VaR weiter modifizieren und um diese beiden Kriterien erweitern. Mit Hilfe der Cornish-Fisher-Methode, in der das Quantil der Verteilung angepasst wird, erhält man den Modified-Value-at-Risk:[95]

$$MVaR_i = -(R_{PF} + \sigma_{PF}(z_\alpha + (z_\alpha^2 - 1)\frac{S}{6} + (z_\alpha^3 - 3z_\alpha)\frac{W}{24} - (2z_\alpha^3 - 5z_\alpha)\frac{S^2}{36}))$$

mit

z_α	=	Quantil der Standardnormalverteilung (Konfidenzintervall)

Nehmen die Schiefe und die Excess-Kurtosis den Wert null an, entspricht der modifizierte VaR den in Kapitel 2.3.3 genannten Berechnungsvorschriften für den klassischen

---

[94] Vgl. Schulz et al. (2009), S. 107.
[95] Vgl. Eling M. (2006), S. 428.

VaR. Unter Nutzung dieses Modified-Value-at-Risk als Risikomaß bestimmt sich eine weitere moderne Performance-Kennzahl, die Modified-Value-at-Risk-Sharpe-Ratio[96]:

$$MV\alpha RSR_i = \frac{R_{PF} - R_f}{MVaR_i}$$

4.4 LPM-basierte Performance-Maße

Die Sharpe-Ratio verwendet die Standardabweichung zur Risikoadjustierung. Ersetzt man diese mit den Lower Partial Moments der ersten, zweiten oder dritten Ordnung ergeben sich folgende Performance-Maße:

$$\Omega_1(z) = \frac{R_{PF} - R_f}{LPM_1(z)} + 1, \quad SOR_2(z) = \frac{R_{PF} - R_f}{\sqrt{LPM_2(z)}}, \quad K_3(z) = \frac{R_{PF} - R_f}{\sqrt[3]{LPM_3(z)}}$$

mit

$\Omega_1(z)$	=	Omega
$SOR_2(z)$	=	Sortino Ratio
$K_3(z)$	=	Kappa 3

Durch die Verwendung der Downside-Risikomaßzahlen muss der risikolose Zinssatz in der Renditekomponente überdacht werden. Sollte dieser unter der Zielrendite liegen, ergibt sich eine 100-prozentige Wahrscheinlichkeit der Unterschreitung. Deshalb wird bei der Verwendung von LPM-gestützten Kennzahlen die Anlagerendite durch eine Zielrendite (R_z) ermittelt und der risikolose Zinssatz damit ersetzt. Dies lässt sich beispielhaft für die Sortino-Ratio folgend formulieren:

$$SOR_2(z) = \frac{R_{PF} - R_z}{\sqrt{LPM_2(z)}}$$

---

[96] Vgl. Schulz et al. (2009), S. 108.

Das Anlageergebnis ist also nur positiv, wenn die Zielrendite übertroffen wird, da nur rechts davon die gewünschten Ausprägungen liegen.[97] Im Vergleich zwischen Omega und der Sharpe-Ratio lassen sich die wesentlichen Unterschiede zwischen den beiden vorgestellten Performance-Sichtweisen darlegen. Stellt die Sharpe-Ratio ein Rendite-Risiko Verhältnis dar, so betrachtet das Omega-Maß ein Gewinn- und Verlustverhältnis, welches nach Wahrscheinlichkeiten gewichtet ist. Durch die Nichtnormalverteilungsannahme ist das Omega um zusätzliche Momente der Renditeverteilung wie z.B. Schiefe und Wölbung erweitert. Daher weist es gegenüber der Sharpe-Ratio mehr Informationen auf. Interpretationsprobleme bei negativen Ergebnissen werden im Falle des Omega-Maßes per Definition ausgeschlossen, da es durch die Berücksichtigung einer individuellen Zielrendite immer positiv ist. Trotz der genannten Vorteile konnten sich die LPM-basierten Kennzahlen in der Praxis noch nicht durchsetzen. In empirischen Untersuchungen ergaben sich mit Anwendung beider Verfahren fast identischen Rangfolgen. Insofern könnte die Sharpe-Ratio auch zur Beurteilung asymmetrischer Verteilungen herangezogen werden.[98]

5 Empirische Untersuchung Covered Call Writing

5.1 Überblick bisheriger Studien

Hauptsächlich finden sich Studien zur Performance des CCW für den amerikanischen Markt. Optionsgeschäfte waren in Deutschland lange Zeit unbedeutend, was auch die vergleichsweise späte Gründung der Deutschen Terminbörse Anfang der 1990er Jahre zeigt. Mitte der 1970er Jahre gab es in den USA mehrere ernstzunehmende Studien, die sich vor allem auf theoretische Optionspreise stützten. Die auf der Grundlage der Black-Scholes-Formel berechneten Optionsstrategien performten schlechter als die reine Aktienanlage. Anfang der 1980er Jahre konnte eine mit realen Terminbörsenpreisen ausgestaltete CCW-Strategie ein besseres Ergebnis als die Aktienanlage erzielen. Weitere Studien in dieser Zeit bemerkten, dass eine wirkliche Outperformance nur mit aus dem

---

[97] Vgl. Schröder et al. (2003), S. 39–40.
[98] Vgl. Schulz et al. (2009), S. 113–116.

Geld liegenden Optionen möglich ist. Für die Performance-Messung war es notwendig, die Schiefe der Renditeverteilung zu berücksichtigen und damit die Aussagekraft der Sharpe-Ratio in Frage zu stellen. Neuere Studien ab dem Jahr 2000 kamen zu dem Ergebnis, dass trotz negativer Schiefe- und Wölbungseigenschaften gedeckte Stillhalterstrategien vorteilhafter als breite Aktienmarktindizes sind. Dies machte sich vor allem bei kurzlaufenden Strategien mit out-of-the money-Optionen bemerkbar. Eine der wenigen Untersuchungen zum DAX machten Behr, Graf und Güttler mit einer CCW-Strategie von 1993 bis 2005. Im Ergebnis konstatierten sie ebenfalls eine Überrendite zur reinen Indexanlage. Einen möglichen Erklärungsansatz liefert die den Optionspreisen zu Grunde liegende implizite Volatilität. Sie war in der Vergangenheit tendenziell höher als die später tatsächlich zu beobachtende Schwankungsbreite. So war es in ihren Untersuchungen gelungen höhere Prämien zu generieren als theoretisch erzielbar wären.[99]

5.2 Aufbau und Vorgehensweise

In der vorliegenden Untersuchung wird eine klassische DAX-Anlage mit einer DAX CCW- Strategie verglichen. Die DAX CCW-Strategie wird dazu drei verschiedene Ausgestaltungen aufweisen um eine detailliertere Interpretation zu ermöglichen. Für diese Studie werden standardisierte Optionskontrakte auf den Index verwendet, die in dem zu betrachtenden Zeitraum an der EUREX real handelbar waren. Die DAX Optionen(ODAX) werden monatlich einmal fünf und einmal zehn Prozent aus dem Geld geschrieben. Auf die Optionslaufzeit von drei Monaten wird die Optionsbasis bei einer Höhe von fünf Prozent out-of-the-money gewählt. Wie im Kapitel 3.3.2 angesprochen wird als Abwandlung eine Kombination von gedeckten Calls und gedeckten Puts auf Monatssicht betrachtet. Dabei wird ein Wechsel von Kauf- und Verkaufsoptionen simuliert. Hier kommt jeweils die fünf Prozent aus dem Geld liegende Basis[100] zum Tragen. Der Untersuchungszeitraum aller Strategien bewegt sich von Januar 2002 bis Juni 2013. Zur Renditeberechnung werden stetige Renditen im Zeitfenster der jeweiligen Optionslaufzeit von einem Aktienoptionsverfallstag an der EUREX auf den nächsten ge-

---

[99] Vgl. Disch (2009), S. 28–29.
[100] bei den Call- /Put Optionen wird stets auf den nächstmöglichen Basispreis abgerundet/ aufgerundet

wählt.[101] Dabei werden die Tagesschlusskurse des Index auf der Basis des Börsenplatzes XETRA der Deutschen Börse AG verwendet. Diese Daten stammen aus dem Genossenschaftlichen Informationssystem (GIS) mit den Datenlieferanten Reuters und Stockselection. Die notwendigen Preise der DAX Optionen sind den Settlement-Preisen der EUREX an den Verfallstagen entnommen.[102] Die Optionen sind Kontrakte europäischen Typs. Statt einer Ausübung am Verfallstag sehen die Kontraktspezifikationen einen Barausgleich vor.[103] Für die vorliegende Betrachtung wird die Option in der letzten Handelsminute zum dann aktuellen Wert zurückgekauft. Kurz darauf wird die neue Option für die nächste Laufzeit mit den genannten Ausgestaltungen verkauft. Dieses „Rollen" sorgt dafür, dass es nicht zu einer Ausübung kommt. Ist der innere Wert der Option null,[104] findet das Schreiben der neuen Option auch erst in der letzten Handelsminute des Verfallstages statt. In der Put/Call-Variante wird das kontinuierliche Schreiben der gleichen Optionsart solange durchgeführt bis sie im Geld ist. Muss daraufhin geschlossen werden, erfolgt der neue Verkauf in der anderen Optionsart.[105] Das Niveau für die out-of-the-money-Basis bildet für alle Abwandlungen immer der Indexstand zum Handelsschluss und nicht der zuletzt gewählte Strike. Folgende Tabelle stellt die Varianten gegenüber.

Tabelle 3: Übersicht der untersuchten Strategien

	Variante 1	**Variante 2**	**Variante 3**	**Variante 4**
Optionsart	Short-Call	Short-Call	Short-Call	Short-Call/ Put
Laufzeit	1 M	1 M	3 M	1M
Aus-dem-Geldniveau	5%	10%	5%	5%
Handlung bei Überschreiten der Basis	Rollen	Rollen	Rollen	Schließen und Optionsart wechseln

---

[101] der standardisierte Aktienoptionsverfallstag an der EUREX ist jeweils der dritte Freitag im Monat
[102] für die Online-Marktstatistiken siehe www.eurexchange.com
[103] Vgl. Eurex Frankfurt AG - Eurex Marketing (26.07.2012), S. 2.
[104] die entsprechende Option befindet sich dann nicht „im Geld" und verfällt wertlos
[105] wird z. B. ein Put zurück gekauft, wird als neue Option ein Call verkauft

Für diese Untersuchung werden jegliche Transaktionskosten, Steuern und etwaige Marktbeschränkungen[106] ausgeblendet. Für die Berechnungen der einzelnen Kennzahlen liegen 137 Monatsrenditen und 46 Quartalsrenditen zu Grunde. Die Auswertung gliedert sich in drei Teile. Zuerst wird die Wertentwicklung über den beobachteten Zeitraum interpretiert. Anhand der traditionellen Performance-Kennzahlen erfolgt nun die Beurteilung unter der risikoadjustierten Sichtweise. Zum Abschluss werden die Verteilungseigenschaften näher analysiert, woran sich die Analyse mit den moderneren Maßen anschließt.

5.3 Ergebnisse der Strategien

5.3.1 Wertentwicklung

Nachfolgendes Schaubild stellt die Wertentwicklungen der einzelnen Strategien für den Zeitraum Januar 2002 bis Juni 2013 dar. Im weiteren Text werden jeweils die Kurzformen der Optionsstrategien, wie aus der Tabelle 3 ersichtlich, verwendet.

---

[106] ein ODAX Kontrakt repräsentiert fünf Dax Punkte, was ein entsprechendes Mindestvolumen voraussetzt

Abb. 13: Wertentwicklung der Optionsstrategien zum DAX

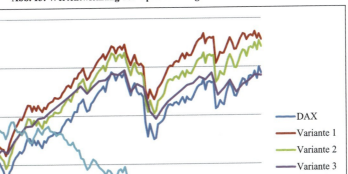

Zum Investitionsstart[107] wurde der Wert aller Strategien mit 100 Prozent festgelegt. Die Daten der Quartalsstrategie wurden zu Vergleichszwecken auf Monatsbasis interpoliert. Insgesamt kann bei den reinen CCW-Strategien eine in den Bewegungen auffällig parallele Entwicklung zum Index festgestellt werden. Dieser Umstand ist nicht überraschend, da als Optionsdeckung der DAX verwendet wird und die Entwicklungen bis zu den jeweiligen Basispreisen eins zu eins nachvollzogen werden. Über den gesamten Zeitablauf konnten die monatlichen Strategien ihren anfänglich noch kleinen Ergebnisvorteil gegenüber dem Index stetig ausbauen. Den größten Unterschied erreichte die Variante 1 im September 2011 mit einem Ergebnisvorteil von fast 50 Prozent. Sie hatte insgesamt auch die beste Entwicklung mit einem Wertzuwachs von 77,9 Prozent zum Ende der Beobachtung. Verhältnismäßig schlecht verlief die Entwicklung dagegen für die Variante 4. Hier ist ein Minus von insgesamt 15 Prozent zu verzeichnen. Lediglich in der Korrekturphase der Jahre 2002 und 2003 konnte sie die anderen Strategien schlagen. Diese Variation weist über den Short-Put-indizierten Markteinstieg einen Vorteil auf, der

---

[107] 18.01.2002 DAX 5122,23 Punkte

durch den anfänglichen Abwärtstrend noch zusätzlich verstärkt wurde. Dieses Polster wurde dann aber in der anschließenden Aufwärtsbewegung mehr als aufgebraucht. Alle anderen Optionsstrategien liefen ab September 2003 besser. Der DAX überholte die Variante 4 erst im April 2004. Deutlich erkennbar wird die bessere Wertentwicklung der CCW-Strategien auf Monatsbasis gegenüber der dreimonatigen Variation. Diese ist am Ende um 37 Prozent schlechter gelaufen als die beste Monatsstrategie. Im Vergleich zum DAX liegt sie zwar längere Zeit über der Indexentwicklung, wird aber in den beiden letzten Jahren eingeholt. In diesen Aufwärtsphasen gelingt es dem Index, gegenüber den Optionsstrategien in der Wertentwicklung aufzuholen. Im Januar 2009, zu Beginn der aktuell laufenden Hausse, betrug der Unterschied zur Variante 1 etwa 38 Prozent. Im Mai 2013 waren es vier Prozent weniger. In den schnell steigenden Marktphasen ist das CCW, durch die Begrenzung auf der Oberseite, dem Index unterlegen. Dieser Nachteil wird durch die Prämieneinnahmen überkompensiert. Insgesamt lässt sich aus der Wertentwicklung im betrachteten Zeitraum eine Vorteilhaftigkeit des CCW gegenüber einer reinen Buy-and-hold-Strategie des zugrunde liegenden Basiswertes DAX feststellen. Bei der Ausgestaltung des CCW sollte der monatliche Optionsverkauf einem dreimonatigen vorgezogen werden. Bei der Wahl des Basispreises ist das out-of-the-money-Niveau von fünf Prozent, gegenüber der Grenze von zehn Prozent, vorteilhafter.[108] Zusätzlich zum Ergebnis der absoluten Wertentwicklung lässt sich anhand der reinen grafischen Kursverläufe erkennen, wie die Schwankungsintensitäten der einzelnen Variationen einzuschätzen ist. Variante 1 bis 3 zeigen dazu keine besonderen Auffälligkeiten. Für die genauere Betrachtung ist die klassische Performance-Analyse notwendig.

---

[108] Beim Handel der zehn Prozent aus dem Geld liegenden Optionen hat sich gezeigt, dass in Phasen kleiner
    Volatilitäten die Spanne zwischen den Geld-und Briefkursen verhältnismäßig groß war. Mit der fünf-Prozent-Strategie konnten in der Praxis liquidere Preise gehandelt werden.

5.3.2 Klassische Performance-Analyse

Mittels der in dieser Arbeit angesprochenen Performance-Kennzahlen erfolgt eine detailliertere Analyse. Zuerst werden die klassischen Performance-Maße auf Monatsbasis tabellarisch dargestellt.

Tabelle 4: klassische Kennzahlen auf Monatsbasis

	DAX	Variante 1	Variante 2	Variante 4
Mittelwert	0,32%	0,57%	0,51%	-0,84%
Standardabweichung	6,69%	5,76%	6,43%	5,41%
Beta	1,00	0,83	0,96	0,52
Sharpe-Ratio	0,0212	0,0683	0,0528	-0,1873
Teynor-Ratio	0,0014	0,0047	0,0036	-0,0195
Treynor-Black-Ratio	n. d.	0,1765	0,2834	-0,2546
Mod.Jensen-Maß	0	0,0033	0,0021	-0,0209
VaR 5%	-10,69%	-8,91%	-10,06%	-9,74%
VaR 10%	-8,26%	-6,82%	-7,73%	-7,78%

Die bessere Wertentwicklung der CCW-Strategien gegenüber dem Index wird grundsätzlich auch durch die Performance-Maße bestätigt. So ist die Sharpe-Ratio beider Strategien
mehr als doppelt so hoch wie die des DAX. Den höchsten Wert weist die Variante 1 mit 0,0683 auf. Im Vergleich zum Index zeigt sich hier, dass die mittlere monatliche Rendite um 0,25 Prozent höher, die Standardabweichung dagegen um 0,93 Prozent tiefer liegt. Der Mehrertrag wurde also nicht mit einem höheren Risiko erkauft. Die gleiche Sichtweise liefert der VaR. Beide Optionsstrategien haben einen geringeren VaR als der DAX. So wird der maximale Verlust der Variante 2 bei einer Haltedauer von einem Monat mit 95-prozentiger Wahrscheinlichkeit nicht höher als minus 10,06 Prozent sein. Der maximale Verlust des DAX ist ceteris paribus um 0,64 Prozent höher. Für den Vergleich der CCW-Strategien untereinander bietet sich ein Blick auf die Treynor-Ratio an. Als wichtige Bezugsgröße ist hier der Betafaktor zu nennen. Aufgrund der kleineren aus dem Geld liegenden Grenze, kommt es bei der fünf-Prozent-Strategie mehrmals zu einer Nichtteilnahme an den darüber hinaus gehenden Marktbewegungen. Damit ergibt sich für diese Alternative ein um 0,13 Prozent geringeres Beta. Das Beta der Variante 2 signalisiert mit einem Wert von 0,96 dagegen einen hohen Marktgleichlauf. Demzufolge weisen das Treynor-Maß und das modifizierte Jensen Maß die Variante 1 als vorteilhaf-

ter aus. Lediglich ein Ranking, was sich ausschließlich auf die Treynor-Black-Ratio bezieht, würde dann die Variante 2 vorziehen. Hier kommt zum Tragen, dass die Mehrrendite von 0,19 Prozent gegenüber dem Index trotz eines sehr hohen Gleichlaufs erzielt werden konnte. Die zusätzlichen Optionsprämien konnten demnach vereinnahmt werden, ohne auf die Marktbewegungen verzichten zu müssen. Diese spezielle Kennzahl hat ihre Bedeutung eher in der Beurteilung von Fondsmanagern. Für die hier vorliegende Auswertung ist sie eher zweitrangig. Ob die Performance-Kennzahlen rund um Jensen/Treynor/Black für diesen Vergleich zielführend sind, kann in Anbetracht der starren Modellvorgaben[109] durchaus hinterfragt werden. Überrenditen der CCW-Strategien kommen nicht durch Titelselektion oder Timing, sondern durch die Optionsprämien zu Stande. Die Variante 4 hat im Gegensatz zu allen anderen Variationen eine negative mittlere Rendite. Daraus ergeben sich negative Performance-Maße, die so nicht interpretierbar sind. Das vergleichsweise kleine Beta von 0,52 zeigt an, wie wenig diese Strategie von der Marktbewegung mitgenommen hat. Für diese Anlagemöglichkeit lässt sich konstatieren, dass weniger als die vergleichbare risikolose Verzinsung erzielt wurde. Sie sollte deshalb nicht als Alternative in Betracht kommen. Der Strategievergleich auf Quartalsbasis gliedert sich in folgender Tabelle.

Tabelle 5: klassische Kennzahlen auf Quartalsbasis

	DAX3M	**Variante 3**
Mittelwert	0,99%	0,89%
Standardabweichung	12,77%	10,00%
Beta	1	0,73
Sharpe-Ratio	0,0330	0,0323
Teynor-Ratio	0,0042	0,0044
Treynor-Black-Ratio	n. d.	0,0037
Mod.Jensen-Maß	0	0,0002
VaR 5%	-20,02%	-15,55%
VaR 10%	-15,38%	-11,92%

Anhand der Sharpe-Ratio hat der DAX ganz leichte Vorteile, die auf eine um 0,10 % höhere mittlere Rendite zurückzuführen sind. Das Risiko des Index ist aber vergleichsweise höher. Für die Haltedauer von drei Monaten ist der VaR für eine Wahrscheinlich-

---

[109] stets gleiche Laufzeit und festes out-of-the-money-Level

keit von fünf Prozent um etwa 4,5 Prozent höher als in der Variante 3. Die Treynor-Ratio und die Sharpe-Ratio kommen zu unterschiedlichen Rankings. Das Treynor Maß der Variante 3 liegt bei 0,0044 und repräsentiert ein Beta von nur 0,73. Das Beta des einmonatigen Pendants ist wie bereits erwähnt bei 0,83. Länger laufende Optionen sorgen demnach für einen geringeren Gleichlauf mit dem Markt. Für diesen Zeitraum lässt sich anhand der aufgeführten Maße kein eindeutiger Sieger bestimmen. Betrachtet man nur das Risiko, ist die Optionsstrategie vorzuziehen.

5.3.3 Renditeverteilung

Um den Aspekt der asymmetrischen Renditeverteilung zu berücksichtigen, lohnt sich ein Blick auf die einzelnen Verteilungsformen. Die bisher überprüften Kennzahlen sind eher aussagekräftig in dem besonderen Fall einer Standardnormalverteilung. Nachfolgend ist die monatliche Renditeverteilung des DAX mit einer Klassenbreite von zwei Prozent abgetragen.

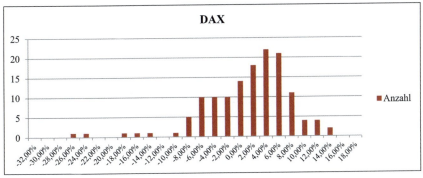

Abb. 14: DAX Verteilung der Monatsrenditen Klassenbreite 2%

Auffällig ist hierbei, dass die Verteilungsform nicht wie vielleicht erwartet einer Normalverteilung gleicht. Sie ist eher etwas linksschief verteilt. Deutlich sind dabei auch die einzelnen „fat tails" auf der negativen Seite zu erkennen. Die Verteilung der Dreimonatsrenditen des DAX liefert ein vergleichbares Bild. Dabei treten noch häufiger die

„fat tails" auf.[110] Zum Quervergleich mit dem Index sind die Verteilungen der beiden CCW-Strategien auf Monatsebene dargestellt.

Abb. 15: Variante 1 Verteilung Klassenbreite 2%

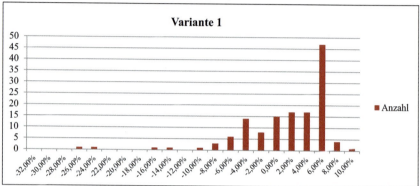

Abb. 16: Variante 2 Verteilung Klassenbreite 2%

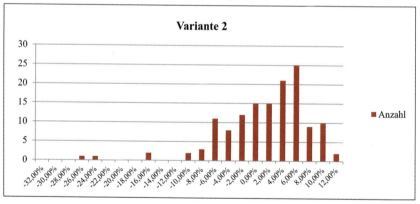

Deutlich lässt sich bei beiden Varianten eine größere linksschiefe Verteilung gegenüber dem Vergleichsindex feststellen. Sie ist in der Variante 1 schiefer als in der Variante 2. Auffällig ist die starke Häufung bei sechs Prozent in der oberen Grafik. Dies lässt sich augenscheinlich dem Strike, der stets bei fünf Prozent aus dem Geld liegt, zurechnen.

---

[110] siehe Anhang

Durch die Systematik der Basispreise weisen beide Varianten die „fat tails" eher auf der negativen Seite auf. Die Verteilungseigenschaften der Varianten 3 und 4 sollen hier nicht weiter berücksichtigt werden.[111]

5.3.4 Asymmetrische Performance-Analyse

In nachfolgender Tabelle sind die Performance-Maße, die eine asymmetrische Verteilung eindeutiger beschreiben können, für einen Monatsvergleich angegeben.

Tabelle 6: asymmetrische Kennzahlen auf Monatsbasis

	DAX	Variante 1	Variante 2	Variante 4
Schiefe	-1,21	-1,86	-1,38	-0,96
Kurtosis	3,09	5,35	3,54	2,29
Varianz/Semivarianz	1,61	1,52	1,63	1,32
Maximaler Gewinn	13,93%	9,27%	11,91%	9,27%
Maximaler Verlust	-27,58%	-26,96%	-27,53%	-24,36%
Omega	1,0577	1,1948	1,1470	0,6133
Sortino-Ratio	0,0270	0,0845	0,0762	-0,2158
Kappa3	0,0182	0,0549	0,0450	-0,1541
mod.VaR 5%	-12,38%	-10,97%	-11,90%	-10,88%
mod.VaR 10%	-8,22%	-6,96%	-7,78%	-7,74%
Cond.Sharpe 5 %	0,0080	0,0248	0,0202	-0,0690
Cond.Sharpe 10 %	0,0109	0,0347	0,0277	-0,0901
Mod.VaR.Sharpe 5%	0,0114	0,0359	0,0285	-0,0932
Mod.VaR.Sharpe 10%	0,0172	0,0566	0,0437	-0,1310

Wie mit der Verteilungsform im vorigen Kapitel beschrieben, weist die Variante 1 mit -1,86 die schiefste Form auf. Aber auch der Marktindex liegt mit der linksschiefen Verteilung von -1,21 weit von der Normalverteilung entfernt. Linksschiefe Verteilungen werden von risikoaversen Investoren eher vermieden. Sie weisen eine höhere Wahrscheinlichkeit auf, links liegende Abweichungen vom Mittelwert zu erhalten. Trotz dieser Argumentation hat die Variante mit der schiefsten Ausprägung den kleinsten maximalen Verlust. In der Natur des CCW liegt begründet, dass der maximale Verlust immer

---

[111] die grafische Verteilung für diese Strategien befindet sich im Anhang

kleiner als der des Basiswertes sein muss. Insofern weist diese Kennziffer nur eine nachrichtliche Bedeutung auf. Der kleinere maximale Gewinn hingegen zeigt, dass im Fall der Optionsstrategien große positive Bewegungen abgeschnitten werden. Die Wölbung des DAX gleicht mit 3,09 fast einer Normalverteilung. Auch in diesem Bereich hat die Variante 1 mit 5,35 den höchsten Wert. Mit der angesprochenen starken Häufung um sechs Prozent wird diese leptokurtische Verteilung deutlich. Die Variante 4 weist im Unterschied zu allen anderen Strategien eine platykurtische Verteilung auf. Dies ist den jeweiligen Basispreisen am oberen Rand durch die Call-Optionen und am unteren Rand durch die Put-Optionen geschuldet. Mit dem Quotient aus Varianz und Semivarianz lässt sich die Abweichung von der Normalverteilung zusätzlich untermauern. Dabei ist zu beachten, dass die Semivarianz mit Hilfe der Lower Partial Moments und einer Mindestrendite in Höhe des risikolosen Zinssatzes berechnet wurde. Dementsprechend gibt es weniger Abweichungen nach unten als nach oben. Letztendlich zeigt auch der Jarque-Bera-Test in allen Variationen keine Normalverteilung an.[112] Anhand der LPM basierten Kennzahlen kann nun ein Ranking erfolgen. Die Variante 4 weist aufgrund der negativen Rendite auch negative LPM Performance-Kennzahlen auf und fällt für die weiteren Beobachtungen aus. Alle Ergebnisse schließen sich dem Bild aus Kapitel 5.3.2 an. Auf Monatssicht sind die CCW-Strategien dem reinen Index vorzuziehen. Seine Sortino-Ratio liegt mit 0,027 weit unter denen der Optionsstrategien. Die Variante 1 liegt mit 0,0845 vor der Variante 2 mit 0,0762. Je stärker die Abweichungen von der Mindestrendite bewertet werden, umso schlechter schneidet der DAX in der Bewertung ab. Liegt sein Omega noch etwa auf dem Niveau der CCW-Strategien, ist das Kappa3 mit 0,0182 nur ein Drittel so groß wie das Kappa3 der Variante 1. Der modifizierte VaR ist aufgrund der Schiefe- und Wölbungseigenschaften in allen Beobachtungen höher als der klassische VaR. Auffällig ist der Unterschied vor allem bei einer Wahrscheinlichkeit von 90 Prozent. In dieser Bandbreite macht sich die Linksschiefe eher bemerkbar. Das daraus abgeleitete Performance-Maß berücksichtigt einmal mehr die höhere mittlere Rendite der beiden Optionsstrategien und bringt dieselbe Rangfolge wie die Sortino-Ratio und die Sharpe-Ratio hervor. Das bedingte Sharpe-Maß komplettiert das Trio der VaR basierten Kennzahlen. Hier liegt die Variante 1 mit 0,0248 vor

---

[112] die Werte sind mit einer Wahrscheinlichkeit von 95 Prozent nicht normalverteilt

der Variante 2 mit 0,0202. Wie auch im Fall der klassischen Performance-Maße wird nachfolgend die Dreimonatsstrategie mit dem Index verglichen.

Tabelle 7: asymmetrische Kennzahlen auf Quartalsbasis

	DAX3M	Variante 3
Schiefe	-0,8767	-1,7084
Kurtosis	0,5713	1,9656
Varianz/Semivarianz	1,63	1,35
Maximaler Gewinn	22,74%	11,05%
Maximaler Verlust	-32,25%	-27,72%
Omega	1,0920	1,0896
Sortino-Ratio	0,0426	0,0379
Kappa3	0,0312	0,0271
mod.VaR 5%	-22,87%	-19,46%
mod.VaR 10%	-16,65%	-14,11%
Cond.Sharpe 5 %	0,0149	0,0128
Cond.Sharpe 10 %	0,0158	0,0136
Mod.VaR.Sharpe 5%	0,0184	0,0166
Mod.VaR.Sharpe 10%	0,0253	0,0229

Auffällig ist hier, dass der DAX auf diesen Zeitraum bezogen nicht mehr so schief verteilt ist, dafür eine sehr flache Wölbung aufweist. Das Kopf-an-Kopf-Rennen, zwischen dem DAX und der Variante 1, wird auch anhand der asymmetrischen Kennzahlen deutlich. Die LPM-basierten Performance-Kennzahlen lassen den DAX als Sieger vom Platz gehen. So ist z. B. seine Sortino-Ratio mit 0,0426 deutlich höher. Die Kennzahlen auf Basis des erweiterten VaR geben ein ähnliches Bild ab. Obwohl der DAX einen höheren modifizierten VaR aufweist, liegt er mit den daraus abgeleiteten Performance-Maßen über den Ergebnissen der Variante 4. Die Modified-VaR-Sharpe-Ratio weist dazu einen Wert von 0,0184 gegenüber 0,0166 für die Wahrscheinlichkeitsgrenze von 95 Prozent auf. Die höhere mittlere Rendite des DAX rechtfertigt in dieser Sichtweise das größere Risiko. Insgesamt kann für den Betrachtungshorizont festgehalten werden, dass sich eine Optionsstrategie auf den Horizont von drei Monaten risikoadjustiert nicht gelohnt hat.

5.3.5 Jahresvergleich und Interpretation

Für die einzelnen Zeiträume stehen mit der absoluten Wertentwicklung und auf Grundlage der Performance-Kennzahlen die Alternativen fest, in die ein Anleger investieren sollte. Im Monatsvergleich ist die Variante 1 gegenüber allen anderen vorzuziehen. Für den Quartalsvergleich ist der Index die beste Alternative. Zur endgültigen Siegerehrung müssen die Vergleichsmaßstäbe auf einen einheitlichen Zeithorizont genormt werden. Dazu werden die Kennzahlen mit Hilfe entsprechender Projektionsregeln annualisiert. Unter einer Normalverteilungsannahme erfolgt dies mit den bereits in den Anfangskapiteln erwähnten mathematischen Umformungen. Da sich diese Annualisierung bei den asymmetrischen Maßzahlen wie z. B. Schiefe und Kurtosis nicht ohne komplexen mathematischen Algorithmus[113] umsetzen lässt, zeigt die folgende Tabelle nur einen Teil der bereits verwendeten Daten. Für die Maßzahlen rund um den VaR wird auf die 90-prozentige Wahrscheinlichkeitsangabe verzichtet.

Tabelle 8: Jahresvergleich

	DAX	DAX3M	Variante 1	Variante 2	Variante 3
Mittelwert	3,80%	3,94%	6,82%	6,17%	3,55%
Volatilität	23,17%	25,54%	19,97%	22,28%	19,99%
Sharpe-Ratio	0,0734	0,0660	0,2366	0,1830	0,0645
Omega	3,66	3,78	4,14	3,97	3,77
Sortino-Ratio	0,09	0,15	0,29	0,26	0,13
Kappa3	0,06	0,11	0,19	0,16	0,09
VaR 5%	-34,31%	-38,07%	-26,03%	-30,48%	-29,35%
Cond.Sharpe 5 %	0,028	0,030	0,086	0,070	0,026
Mod.VaR.Sharpe 5%	0,040	0,037	0,124	0,099	0,033

Im Jahresvergleich ist neben den Besonderheiten der Annualisierung auch der zahlenmäßige Unterschied der vorliegenden Daten zu berücksichtigen. Es liegen dreimal so viele Monatsrenditen wie Quartalsrenditen vor, was die statistische Aussagekraft der Dreimonatsstrategien leicht eintrübt. Damit lassen sich auch die unterschiedlichen Jahreswerte des Index erklären. Letztendlich ergibt sich ein eindeutiges Gesamtbild. Die Variante 1 weist die größte Rendite bei einem gleichzeitig geringsten Risiko auf. Des-

---

[113] Vgl. Meucci (2010), S. 62.

halb zeigen sowohl die klassischen- als auch die alternativen Kennzahlen den höchsten Wert an. Als Zweitplazierte läuft die Variante 2 durch das Ziel. Sie hat mit einer höheren Volatilität und einem VaR von -30,48 Prozent ein größeres Risiko als die Variante 3. Durch die vergleichsweise hohe Rendite wird dieser Umstand mehr als gerechtfertigt. Die Wechselstrategie aus Put und Call wird aufgrund der negativen Ergebnisse hier vernachlässigt.

Mit den Performance-Kennzahlen auf Grundlage der LPM-Maße wurden Indikatoren für die Erstellung eine Rangfolge bei Optionsstrategien gefunden. Zusammen mit dem Ansatz des erweiterten VaR, sind sie besser geeignet die Anforderungen der asymmetrischen Verteilung mit einem Down-Side Risiko zu vereinen. Bei der praktischen Anwendung kommt der gewählten Mindestrendite eine wichtige Bedeutung zu. In dieser Auswertung wurde als Zielrendite der risikolose Zinssatz für den jeweiligen Anlagehorizont verwendet. Je nach Geschmack hätte hier auch eine willkürliche Renditeziffer eingesetzt werden können. Daraufhin wären andere Ergebnisse zu Tage getreten, die an der Rangfolge jedoch nichts verändert hätten. Die klassischen Kennzahlen rund um die Sharpe-Ratio tragen in dieser Arbeit dazu bei, die verschiedenen Anlagevarianten besser vergleichen zu können. Wie ersichtlich wurde, weichen die Ergebnisse gegenüber den modernen Maßzahlen nur in Ausnahmefällen von einander ab. Dies könnte darin begründet sein, dass die Indexverteilung im geprüften Zeitintervall nicht einer Normalverteilung entsprach. Das vorliegende Ergebnis gilt für einen speziellen Zeitraum. Andere Zeiträume oder kürzere Renditeintervalle könnten zu unterschiedlichen Ergebnissen führen.

6 Zusammenfassung und Ausblick

Ziel dieser Arbeit war es, die Performance von Stillhaltergeschäften zu analysieren. Als beispielhafter Vertreter für Stillhaltergeschäfte im Optionsuniversum wurde das Covered Call Writing auf Indexebene gewählt. Bei der Untersuchung kam es auf zwei Details an. Es war notwendig adäquate Performance-Kennzahlen zu finden, die die asymmetrische Renditeverteilung von Optionsstrategien berücksichtigen. Zusätzlich war es von Bedeutung herauszuarbeiten, wie die Ausgestaltung des CCW in Form von Basispreis und Laufzeit aussichtsreich erfolgen sollte. Als Alternative zum reinen CCW wurde eine wechselseitige Put-Call-Strategie überprüft. Da ihre Rendite nicht über der risikolosen Verzinsung lag, ließen sich für diese Variante keine qualifizierten Aussagen treffen.

Oft wird bei einer Beurteilung über Investments konstatiert, dass eine Anlage besser „performt" hat. Hiermit ist jedoch nur die bessere Wertentwicklung gemeint. Vergleicht man den absoluten Ertragszuwachs über den Gesamtzeitraum der letzten elf Jahre, wird die Outperformance der Optionsstrategien auf Monatsbasis deutlich. Seit Markowitz wurde diese reine Renditebetrachtung um das Risiko erweitert. So entstand ein zweidimensionaler Begriff, der als bekannteste Maßzahl die Sharpe-Ratio hervorbrachte. Für diese Sichtweise wird als Risikomaß die Volatilität verwendet. Sie ergibt sich aus der annualisierten Standardabweichung, die sowohl positive als auch negative Abweichungen von einem Renditemittelwert beobachtet. Die aus den vorhandenen Renditen errechnete Sharpe-Ratio bescheinigt den monatlichen CCW-Strategien große Vorteile. Doch viele Investoren interessieren nur negative Abweichungen vom Durchschnitt oder einer Zielrendite. Für diese Fälle würde mit hoher Wahrscheinlichkeit in einer Geldanlage ein Verlust entstehen. Aus dieser Sichtweise heraus wurden die Down-Side Risikomaße entwickelt. Eine dazu in der Praxis häufig verwendete Kennzahl ist der Value-at-risk. Er beschreibt für eine vorgegebene Wahrscheinlichkeit einen maximalen Verlust, der nicht überschritten wird. An dieser Stelle können sogar alle drei CCW-Strategien gegenüber ihren Vergleichsindizes punkten. Aus dem CAPM heraus ist die Sichtweise entstanden, dass ein Investor unsystematische Risiken durch Diversifikation eliminieren kann. Die durch den Betafaktor ermittelten Kennzahlen erhöhen in dieser

Untersuchung die Aussagekraft kaum. Die Abweichung von der Marktbewegung ist einzig dem Vorhandensein eines Basispreises geschuldet und keiner speziellen Titelselektion. Der Strike ist der Grund für die schiefe Verteilung der Renditen. Deshalb war es sinnvoll zusätzliche Kennzahlen zu implementieren, die nicht die Standardnormalverteilung voraussetzen. Im speziellen sind das die Maße auf Grundlage der Lower Partial Moments. Sie vereinen in sich auch die Anforderung nur negative Abweichungen zu messen. Auf Grundlage der Sortino-Ratio schneiden wieder beide Monatsstrategien am erfolgreichsten ab. Vergleicht man beide Optionsstrategien untereinander, weist die fünf-Prozent-Variante in allen Bereichen bessere Werte auf. Die Möglichkeit zur Bestimmung einer investorspezifischen Zielrendite hat gerade im aktuellen Umfeld Vorteile. So ist es im Gegensatz zur Sharpe-Ratio möglich eine Mindestrendite zu wählen, die über der momentanen Inflationsrate liegt. Das Gesamtbild wurde mit den Maßstäben des erweiterten VaR bestätigt. Durch die Berücksichtigung von asymmetrischen Verteilungen und dem hohen Praxisbezug, könnten sie zukünftig eine größere Rolle in der Performance-Bewertung spielen.

Die zu Rate gezogenen Kennziffern bestätigen was die absolute Wertentwicklung angekündigt hat. Das Covered Call Writing lohnt sich. Dabei ist auf die konkrete Ausgestaltung besonderen Wert zu legen. So erzielen verkaufte Optionen, die näher am aktuellen Kursniveau liegen, eine vergleichsweise höhere Prämie. Mit dem „Smile-Effekt" lässt sich für diesen Fall erklären, dass die Wahrscheinlichkeit den Basispreis zu überschreiten, überproportional vergütet wird. Die Auswertung hat auch gezeigt, dass sich dieses Missverhältnis mit längerer Optionslaufzeit abbaut. Deshalb generiert die Optionsstrategie im Quartalszeitraum nur noch teilweise einen Mehrwert. Weiterhin ist zu bemerken, dass die Vorteilhaftigkeit von Stillhalterpositionen in stark steigenden Märkten kleiner wird. So wurde die Quartalsstrategie in den letzten zwei sehr guten Börsenjahren vom Index überholt. Diese Ergebnisse beziehen sich auf die letzten elf Jahre. Sie können weder auf davorliegende Zeiträume oder zukünftige Entwicklungen eins zu eins übertragen werden. Bei der Anwendung des CCW auf Einzelaktien ist, bei einer entsprechenden Diversifikation, ein ähnliches Ergebnis zu erwarten. Trotzdem sind die hier gemachten Erfahrungen für ein Portfolio aus Einzelwerten nicht in jedem Fall übertragbar. Eine Erklärung für die Outperformance von CCW-Strategien ist der permanente

Unterschied zwischen impliziter und historischer Volatilität. Ob dieser Umstand auch zukünftig gilt und dazu auf andere Märkte übertragbar ist, bleibt offen.

Für einen potentiellen Investor stellt sich Frage, wie er die Vorteile des CCW für sich nutzen kann. Möchte er direkt an der EUREX handeln, benötigt er eine Institution mit einer Terminbörsenzulassung. Darüber hinaus ist die Deckung der verkauften Position nicht ohne weiteres möglich, da der Index nicht lieferbar ist. Abschließend kann der notwendige Kapitaleinsatz als Auschlusskriterium für viele Anleger gesehen werden. Abhilfe könnten hier Zertifikate auf ähnliche Strategien schaffen. Für den Privatanleger gibt es beispielsweise ein Zertifikat auf den DAXplus® Covered Call-Index der Deutschen Börse AG.[114] Damit lässt sich mit kleineren Geldbeträgen an dieser vorteilhaften Strategie patizipieren.

---

[114] ISIN: LU0252635023

Anhang 1: Implizite Volatilitäten ODAX Call

Erhebung: 14.06.2013 10 Uhr

DAX: 8138

Laufzeit: 130 Tage

risikoloser Zins: 0,5% p.a.

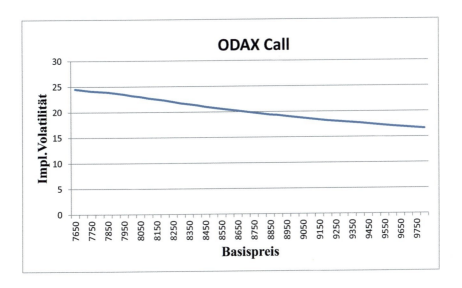

Tabellenauszug

Basispreis	Implizite Volatilität	Optionspreis
8000	23,2	529,7
8100	22,7	469,6
8200	22,3	413,1
8250	22	384,9
8300	21,7	359,1
8350	21,5	334,2
8400	21,3	310,2
8600	20,4	224,9
8700	20	188,5

Anhang 2: Renditeverteilungen Klassenbreite 2%

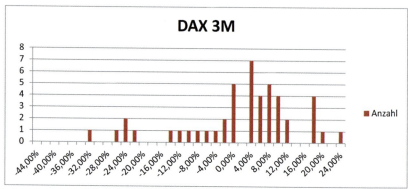

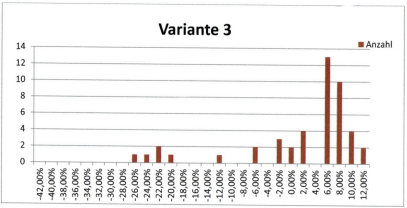

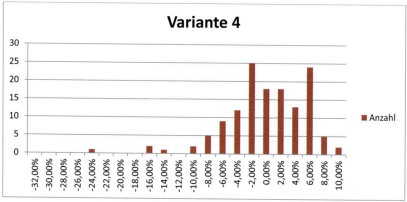

Literaturverzeichnis

Black, F. & Scholes, M. (1973), "The Pricing of Options and Corporate Liabilities", in: *The Journal of Political Economy*, 81 (3), S. 637–654.

Bruns, C. & Meyer-Bullerdiek, F. (1996), Professionelles Portfoliomanagement. Aufbau, Umsetzung und Erfolgskontrolle strukturierter Anlagestrategien, Verlag Schäffer-Poeschel, Stuttgart.

Daube, C.H. (1999), Risikomanagement für Aktienoptionen, in: Eller, R. Hrsg., *Handbuch Derivativer Instrumente. Produkte, Strategien, Risikomanagement*, Verlag Schäffer-Poeschel, Stuttgart, S. 163–194.

Disch, W. (2009), "Performanceoptimierung durch systematischen Einsatz von Covered Call Writing", in: *Discussion Papers*, Duale Hochschule Baden-Württemberg.

Ebeling, S. (1999). "Risikoadjustierte Performance. Ein Vergleichsmassstab mit Tücken", in: *Schweizer Personalvorsorge*, (3), S. 191–195.

Egner, T. (1998). Performancemessung bei Wertpapier-Investmentfonds, Physica Verlag, Heidelberg.

Eling M. & Schumacher, F. (2006). "Hat die Wahl des Performancemaßes einen Einfluss auf die Beurteilung von Hedgefondsindizes?", in: *Kredit und Kapital*, 39 (3), S. 419–457.

Eller, R. (1999). Derivative Instrumente - Überblick, Strategien, Tendenzen, in: Eller, R. Hrsg., *Handbuch Derivativer Instrumente. Produkte, Strategien, Risikomanagement*, Verlag Schäffer-Poeschel, Stuttgart, S. 3–38.

Eurex Frankfurt AG - Eurex Marketing (2012). Dax®-Optionen, online verfügbar unter: http://www.eurexchange.com/exchange-de/produkte/idx/dax/17256/ (28. Juni 2013).

Garz, H., Günther, S. & Moriabadi, C. (2000). Portfolio-Management. Theorie und Anwendung. 3. Auflage, Bankakademie-Verlag, Frankfurt am Main.

Götte, R. (2001). Aktien, Anleihen, Futures, Optionen. Das Kompendium, Tectum-Verlag, Marburg.

Heß, D. (2007). Volatilitäts-Kompass, Goldman Sachs International.

Hull, J. (2009). Optionen, Futures und andere Derivate, 7. Auflage, Pearson Studium, München.

Markowitz, H. (1991). "Foundations of Portfolio Theory", in: *Finanzmarkt und Portfolio Management*, 3, S. 205–211.

Meucci, A. (2010). "Quant Nugget 4: Annualization and General Projection of Skewness, Kurtosis and All Summary Statistics", in: *GARP Risk Professional*, S. 59–63.

Poddig, T., Dichtl, H. & Petersmeier, K. (2000). Statistik, Ökonometrie, Optimierung. Methoden und ihre praktische Anwendung, in: *Finanzanalyse und Portfoliomanagement*, Uhlenbruch Verlag, Bad Soden/Ts.

Rudolph, B. & Schäfer, K. (2005). Derivative Finanzmarktinstrumente. Eine anwendungsbezogene Einführung in Märkte, Strategien und Bewertung, Springer Verlag, Berlin.

Schröder, M. & Westerheide, P. (2003). "Möglichkeiten des Quervergleichs von Altersvorsorgeprodukten. ZEW", in: *Bertelsmann Stiftung Vorsorgestudien*, 21.

Schulz, M. & Steiner, M. (2009). "Die Verfahrensheterogenität in der Performance-Messung von Anlageportfolios", in: *Journal für Betriebswirtschaft*, 59 (2-3), S. 95–122.

Seitz, F. & Auer, B. R. (2008). Performancemessung. Theoretische Masse und empirische Umsetzung mit VBA, HAW Verlag, Weiden.

Sharpe, W. (1966). "Mutual Fund Performance. Part 2: Supplement on Security Prices", in: *Journal of Portfolio Business*, 39 (1), S. 119–138.

Sharpe, W. (1992). "Asset allocation: Management style and performance measurement", in: *Journal of Portfolio Management*, 18, S. 7–19.

Signer, M. (2007). "Die Geschichte der Strukturierten Produkte", in: *db payoff all about derivative investments*, S. 22–23.

Spremann, K. (2007). Wirtschaft, Investition und Finanzierung, 6. Auflage, Oldenbourg Verlag, München.

Spremann, K. (2008). Portfoliomanagement, 4. Auflage, Oldenbourg Verlag, München.

Steiner, M. & Bruns, C. (1998). Wertpapiermanagement, 6. Auflage, Verlag Schäffer-Poeschel, Stuttgart.

Tetzlaff, D. (1999) Methoden und Probleme der Performancemessung von Rentenportefeuilles. Ein Ansatz zur horizontabhängigen Performancemessung, Techn. Hochschule, Aachen.

Uszczapowski, I. (2008). Optionen und Futures verstehen. Grundlagen und neue Entwicklungen, 6. Auflage, Dt. Taschenbuch-Verlag Beck, München.

Wilkens, M. & Scholz H. (1999). "Von der Treynor-Ratio zur Market Risk-Adjusted Performance. Zusammenhang und Diskussion grundlegender Performancemaße", in: *FINANZ BETRIEB* (10), S. 308–315.

Printed in Poland
by Amazon Fulfillment
Poland Sp. z o.o., Wrocław